FRÜCHTE DER NATUR
WILDGEMÜSE
MIT REZEPTEN

BEATRIX HAMMERLE

FRÜCHTE DER NATUR
WILDGEMÜSE
MIT REZEPTEN

Pinguin-Verlag, Innsbruck

**Soweit nicht anders angegeben,
gelten die Mengenangaben bei den Rezepten
für vier Personen.**

Sämtliche Fotos: Copyright by Hella Pawlowski, A-6021 Innsbruck

© Copyright 1996 by Pinguin-Verlag
A-6021 Innsbruck
Alle Rechte vorbehalten
Satz, Druck- und Bindearbeiten: M. Theiss Ges.m.b.H., A-9400 Wolfsberg
Farbreproduktionen: Tiroler Repro, A-6020 Innsbruck
Printed in Austria
ISBN 3-7016-2472-0

INHALT

WILDGEMÜSE ZU FLEISCH UND FISCH

Schon unsere Vorfahren wußten, was schmeckt

Hätten Sie gedacht, daß unsere Vorfahren schon vor Tausenden von Jahren, als sie noch als Sammler und Jäger durch die Gegend zogen, genau wußten, welche Kräuter und Gemüse ihnen wertvolle Nahrungsstoffe für den harten Alltag liefern? Und daß sie auch sehr genau wußten, wie sie ihr Gemüse zubereiten mußten, damit es bekömmlich war und lecker schmeckte?

Naturküche in einer rauhen Zeit

Lange bevor die Menschen Körner aßen, standen neben Fleisch und Fisch Wildkräuter, Blätter, Beeren, Knollen, Nüsse und Eicheln auf dem Speiseplan, die zerkleinert, zermahlen, gemischt und über dem Feuer gekocht wurden. Das waren ausgefuchste Methoden der prähistorischen Naturküche, um den Körper in einem rauhen Umfeld gesund zu erhalten und mit ausreichend Biostoffen zu versorgen.

Wie unser Kulturgemüse entstand

Als die Menschen seßhaft wurden, ihre eigenen Felder bebauten und Blätter, Wurzeln und Gräser zu züchten begannen, entstand das Kulturgemüse. Die Händler und Abenteurer brachten von ihren Reisen in ferne Länder viele neue Samen mit nach Hause, die durch die Zeit bis heute die heimische Angebotspalette immer mehr erweiterten. Leider rückte man durch raffinierte Züchtungen immer mehr von der Natur ab.

Zurück zu den unverfälschten Leckerbissen der Natur

Das Angebot an Kulturgemüse und Salaten ist heute sehr vielfältig. Doch in Zeiten wie diesen, wo Chemie und Lebensmitteltechnologie so gut wie alles möglich machen, besinnt man sich immer mehr auf die einfachen, unverfälschten Leckerbissen der Natur. So ist es nur zu verständlich, wenn neuerdings nicht nur Feinschmecker auf Wildgemüse schwören, sondern das Sammeln und Zubereiten von wildwachsenden Kräutern und Gemüsen ganz allgemein wieder sehr beliebt geworden ist.

Die Natur ist nicht kleinlich

Menschen haben im Namen von Kultur und Zivilisation rücksichtslos wertvolle Natur zerstört. Das war in diesem Ausmaß unnötiger und kurzsichtiger Raubbau. Klimaverschiebungen, Waldsterben, Zivilisationskrankheiten, das alles sind Konsequenzen, die jetzt niemand will. Aber vergessen Sie nie:

Die Natur ist zwar konsequent, aber nicht kleinlich. Denn nehmen wir etwas von dem, was sie uns freiwillig gibt, zeigt sie sich verschwenderisch wie eine liebevolle Mutter. Das lehren uns die vielen Wildgemüse an Bächen, auf Wiesen, im Wald auf eindrückliche Weise:

- Sie machen das Essen abwechslungsreich. Probieren Sie die Rezepte aus: Sie werden überrascht sein, wie diese wilden Gewächse von der Hausmannskost bis zur feinen Küche raffiniert ihr unvergleichliches Aroma entfalten. Und bedenken Sie: Nur abwechslungsreiche Ernährung garantiert, daß Ihr Körper all die wertvollen Nährstoffe erhält, die er braucht, um gesund, fit und schön zu bleiben.
- Die Wildkräuter und Gemüse sind geschmacksintensiver als im Glashaus gezüchtetes Grünzeug. Ihr voller und intensiver Geschmack regt den Speichelfluß an und sorgt für eine gute, rasche und vollständige Verdauung der Nahrung.
- Sie enthalten besonders viele Mineralstoffe, Vitamine und wertvolle Ballaststoffe. Sie sind kleine Energiebomben, ja richtige Muntermacher. Die Produktion der körpereigenen Luststoffe anzuregen, ist ihre Spezialität. Dazu bürsten und pflegen sie mit ihren Faseranteilen die Magen-

und Darmschleimhäute. Der Körper dankt mit einem angenehmen Gefühl von Leichtigkeit.
- Sehr viele Wildkräuter und Wildgemüse wirken entwässernd, entschlackend und blutreinigend. Sie bringen den Stoffwechsel in Schwung, Fett wird in den Zellen verbrannt, statt unter der Haut in Polstern gehortet. Kein Wunder, daß sie gerade im Frühjahr für eine Rundumerneuerung unentbehrlich geworden sind.
- Wenn wir zusammen mit unseren Freunden, unserer Familie, einem lieben Menschen oder auch allein mit wachen Sinnen durch die Natur wandern, ist allein das schon ein Bad für die Seele. Körperliche Aktivität ist ein wichtiger Beitrag für die Gesundheit und hebt die Stimmung.

Der gute Tip:
Es ist nicht nötig, die wilden Kräuter säckeweise zu sammeln. Es macht auch gar nichts, wenn Sie beim Sammeln nur ein paar Zweiglein oder Blätter finden. Denn alle Wildgemüse lassen sich sehr gut ergänzend zu den Kultursorten (Spinat, Kartoffeln, Salate, Kohl usw.) mischen. Sie machen Ihre Gerichte geschmacklich erst richtig interessant und ihre wohltuende Wirkung entfaltet sich schon bei kleinen Mengen.

Sammeln am richtigen Ort und zur richtigen Zeit…

- Es ist wirklich wichtig, daß Sie nur hochwertige Pflanzen nehmen. Verstaubte Straßenränder mit dichtem Autoverkehr sind als Sammelstellen völlig ungeeignet, genauso wie Weideplätze von Tieren und frisch gedüngte Felder und Wiesen. Viele Wildkräuter schmecken besser, wenn sie von schattigen Plätzen stammen.
- Die beste Jahreszeit, Wildkräuter für Spinate und Salate zu sammeln, ist der Frühling. Vom ersten Grün, das aus dem Boden sprießt, finden Sie meist bis Ende Mai von fast allen Arten junge Pflanzen oder frische Triebe. Frisches Spinatgrün wächst auch noch während des Sommers, und im Herbst treiben viele Sorten nochmals neu aus. Wurzeln graben Sie am besten im Herbst.
- Achten Sie auch auf den richtigen Mondstand: Der Geschmack der grünen Energiebomben ist bei zunehmendem Mond besonders intensiv. Am saftigsten und knackigsten sind Triebe, Blätter und Kräuter ca. drei Tage vor Vollmond bis zum Vollmondtag. Ideal ist es, wenn der Mond gerade durch ein Wasserzeichen läuft wie Krebs, Skorpion oder Fische. Blüten pflücken Sie am besten, wenn der Mond in einem Luftzeichen steht, also Zwillinge, Waage oder Wassermann. Sie haben jetzt am meisten Kraft. Vermeiden Sie es, am Neumondtag Blätter oder Triebe zu sammeln, auch wenn der Mond in einem günstigen Zeichen steht, weil die Säfte jetzt in den Wurzelteil der Pflanze zurückgezogen sind. Für Knollen und Wurzeln hingegen sind die Zeit des abnehmenden Mondes und der Neumondtag, besonders wenn der Mond in Steinbock, Stier oder Jungfrau steht, geeignet.
- Vergewissern Sie sich, daß Sie nur Pflanzen pflücken, die Sie kennen oder eindeutig erkennen und bestimmen können, denn es gibt viele giftige Kräuter, die den eßbaren zum Verwechseln ähnlich sehen. Das ist ein Schutzmechanismus der Natur. Wenn wir ihm mit Respekt begegnen, wird er sich nicht gegen uns richten.

BACHBUNGE, BACHEHRENPREIS

(Veronica beccabunga)
Rachenblütler

Merkmale:

Ausdauernde, 10–50 cm hohe Pflanze, kriechend mit aufsteigenden Blütentrauben. Stengel kahl, rund, fleischig; Blätter breitelliptisch, fast rund mit fein gesägten Rändern; Blüten himmelblau bis dunkelviolett, Blütezeit von Mai bis September. Geschmack der Blätter leicht bitter, mit angenehm würzigem Nachgeschmack, der sich besonders beim Kochen entfaltet.

Sammelplätze (Wuchsorte):

An flachem Wasser, kleinen Bächen, Quellen, Sümpfen. Bis 2400 m Höhe.

Sammelzeit:

Bevorzugt April bis Mai.

Verwendbar:

Junge Blätter und Triebspitzen vor dem Erscheinen der Blüten. In kleinen Mengen als Beimischung zu Salaten, Gemüsen, Suppen und Pflanzenpreßsäften; feingehackt in Topfenaufstrichen und auf dem Butterbrot.

Die frischen Blättchen sind eine Delikatesse im Salat zusammen mit Brunnenkresse, Gundelrebe und Löwenzahn. Dazu haben sie viele gute Eigenschaften. Die Bachbunge bringt den Stoffwechsel auf Trab, reinigt das Blut, wirkt abführend und stark harntreibend. Sie enthält Gerbstoffe, Bitterstoffe und Vitamine. Sie ist daher ideal für Frühjahrskuren, aber schon seit dem Mittelalter auch als Heilkraut gegen Skorbut, Blutarmut und Hautkrankheiten bekannt. Die Bachbunge wird heute noch in der Homöopathie verwendet.

Hinweis:

Wegen ihrer starken Wirkkraft nicht zu oft und immer nur in kleinen Mengen verwenden.

Lachsfilet in Wildkräuterkruste

Zutaten:
4 Stück Lachsfilet à 200 g
50 g Butter
4 EL Rahm
1/8 l trockener Weißwein
1/16 l frischer Zitronensaft
Kräuter-Meersalz
Weißer Pfeffer

Zutaten Kräuterkruste:
75 g gemischte Kräuter (Bachbunge, Bärlauch, Brunnenkresse, Gundelrebe)
30 g Semmelbrösel
1 Ei
3 EL Öl
Kräuter-Meersalz
Weißer Pfeffer

Variante:
Die Kräuter können auch teilweise durch Petersilie ersetzt werden; ist kein Bärlauch vorhanden, sollten dafür drei Knoblauchzehen zerdrückt und eingemischt werden.

Zubereitung:
• Kräuter fein hacken, mit Ei, Öl, Semmelbröseln und Gewürzen gründlich mischen.
• Fischfilets beidseitig mit Salz und Pfeffer bestreuen, mit Zitronensaft beträufeln und anschließend in eine mit Butter befettete, feuerfeste Auflaufform legen und jedes Filet dick mit der Kräutercreme bestreichen.
• Im vorgeheizten Backrohr 15 Min. bei etwa 200° backen, Rahm und Weißwein in den entstandenen Saft seitlich vorsichtig einrühren, nochmals 5 Min. ins Rohr schieben.
• Mit Salzkartoffeln und frischem Salat servieren.

BÄRLAUCH, BÄRENLAUCH
(Allium ursinum)
Liliengewächse

Merkmale:

Bis 50 cm hohe Pflanze. Blätter grundständig, meist zwei pro Pflanze, breit lanzettförmig, glatt, intensiv grün, sehr ähnlich denen des Maiglöckchens (Vorsicht, diese sind giftig!), doch im Gegensatz zu diesen verströmt die gesamte Pflanze des Bärlauchs kräftigen Knoblauchgeruch. Daran ist sie leicht zu erkennen. Die Blüten stehen auf einem aufrechten Stiel, sind weiß und sternförmig in einer Scheindolde angeordnet.

Sammelplätze (Wuchsorte):

Schattige, feuchte, nährstoffreiche Au- und Laubwälder. Meist in größeren Beständen und schon von weitem riechbar. Bis 1500 m Höhe häufig, darüber nur mehr vereinzelt.

Sammelzeit:

Blätter (März) April bis Mai (Juni), die ebenfalls eßbare Wurzel am besten im Herbst.

Verwendbar:

Frische Blätter, ideal vor der Blüte. Bärlauch ist sehr vielseitig. Als Spinat („Knofelspinat"); zum Beimengen zu anderen Wildspinatsorten (z. B. Beinwell), zu Füllungen für Pasteten und Strudeln, zum Würzen von Frischkäse, Topfen (Quark), Salaten, Saucen, Marinaden und Brotaufstrichen. Geschmack wie Knoblauch, nur etwas schärfer. Bärlauchblätter können nicht getrocknet werden, weil sie ihren Geschmack verlieren. Daher nutzen Sie seine Zeit. Die Wurzel ist wie Knoblauch verwendbar. Zerdrückt, fein gehackt, geraspelt, bei Bedarf mit etwas Salz entschärft, oder in Essig oder Öl angesetzt ergibt sie eine sehr feine Würze.

Der Bärlauch ist eine der ältesten Heilpflanzen. Er enthält viele schwefelhaltige, ätherische Öle, Mineralstoffe, wertvolles Vitamin A und C. Germanen, Kelten und Römer nutzten diese stark blutreinigende Pflanze, die wie der Knoblauch eine antibiotische Wirkung hat und ein wunderbares Mittel gegen Darmgifte darstellt. Das Gemüse putzt aber auch alle anderen Gefäße, beugt ihrer Verkalkung vor, ist zudem gut für die Liebe und enthält einen Stoff, dem man von alters her verjüngende Kräfte zuschreibt. In einer Frühjahrskur sollte die tägliche Handvoll frische Bärlauchblätter daher nie fehlen.

Bärlauchsuppe mit Käsecroutons

Zutaten:
300 g junge Bärlauchblätter (oder Blattspitzen)
40 g Butter
1/4 l Milch
1/2 l klare Suppe
2 EL Crème fraîche
1 Zwiebel
2 Knoblauchzehen
4 dünne Scheiben Schwarzbrot
4 EL geriebener Parmesan
Salz, weißer Pfeffer, Muskat, Paprikapulver

Zubereitung:
- Blätter waschen und blanchieren.
- Zwiebel und Knoblauch fein hacken und in einem Topf mit Butter kurz anrösten.
- Bärlauchblätter zufügen, eine Minute mitbraten.
- Gewürze einstreuen, mit Suppe aufgießen und 15 Min. köcheln lassen.
- Suppe fein pürieren, Milch dazugeben, kurz aufkochen lassen.
- Crème fraîche einrühren.
- Brot in kleine Würfel schneiden.
- Butter in einer Pfanne erhitzen, Brotwürfel hineingeben, gleichmäßig mit Parmesan und etwas Paprikapulver bestreuen und kurz anrösten.
- Diese Käsecroutons in einem eigenen Teller auf den Tisch stellen und direkt vor dem Essen in die Suppenteller streuen.

Bärlauch-Canneloni mit Schafskäse

(für 2 Personen)

Zutaten:
6 Canneloni (nehmen Sie gebrauchsfertige, die nicht vorgekocht werden müssen, da es sonst schwierig ist, diese zu füllen)
200 g Schafskäse
4 EL gehackter Bärlauch und 1 TL zum Bestreuen
2 EL gehackte Petersilie
1 EL gehackte Walnüsse
1 EL gehackte Schalotten
1 EL Olivenöl
1 EL Butter
2 EL geriebener Parmesan
1 TL gemahlener Koriander
Salz
1/4 l Tomatensauce

Zubereitung:
- Schafskäse mit Olivenöl und gehackten Schalotten, Walnüssen, Bärlauch, Petersilie und Koriander mischen, etwas salzen, Canneloni damit füllen, nebeneinander in eine befettete Auflaufform legen, mit der Tomatensauce übergießen, mit Parmesan bestreuen und mit Butterflocken belegen.
- Im vorgeheizten Backrohr bei etwa 180° 40–45 Min. backen.
- Vor dem Servieren mit einem TL gehacktem Bärlauch bestreuen.

Variante: Bärlauch-Canneloni mit Hackfleisch

Zutaten:
200 g Hackfleisch
4 EL gehackter Bärlauch und 1 TL zum Bestreuen
2 EL gehackte Petersilie
80 g fein geschnittene Champignons
1 EL gehackte Schalotten
1 EL Olivenöl
1 EL Butter
2 EL geriebener Parmesan
1 Eidotter
Rosmarin, Thymian, Oregano, Salz, Pfeffer
1/4 l Tomatensauce

Zubereitung:
- Gehackte Schalotten in Öl goldgelb rösten, Champignons darin anbraten, Hackfleisch beifügen und alles gut durchbraten.
- Hitze etwas reduzieren, Petersilie, Bärlauch und Gewürze beimengen und noch eine Minute braten.
- Masse etwas auskühlen lassen, Eidotter und 1 EL Parmesan unterrühren, Canneloni füllen.
- Restliche Zubereitung wie beim Grundrezept.

Bachforelle mit Bärlauch

(für 2 Personen)

Zutaten:

2 frische Forellen, ausgenommen
6 EL junge frische Bärlauchblätter,
fein gehackt
2 EL frisch gepreßter Zitronensaft
1 EL Brösel
2 EL Öl
30 g Butter
3 EL Crème fraîche
1 Zitrone zum Garnieren
2 Knoblauchzehen
Salz, Pfeffer

Zubereitung:

• Forellen waschen, trockentupfen, innen mit Salz und Pfeffer würzen.
• 2/3 der Bärlauchblätter einstreuen.
• Fische in eine mit Butter ausgestrichene, feuerfeste Form legen und mit Bröseln bestreuen.
• Butter anwärmen, cremig rühren, Crème fraîche dazugeben, mit Salz und zerdrücktem Knoblauch würzen und über die Forellen gießen.
• Im vorgeheizten Rohr bei 220° etwa 25–35 Min. backen. Eine Minute bevor die Fische gar sind, den Rest der Bärlauchblätter darüberstreuen.
• Die Forellen auf vorgewärmte Teller legen, mit Zitronensaft beträufeln, Zitronenscheiben dazulegen.
• Mit Salzkartoffeln und grünem Salat servieren.

BEINWELL, SCHWARZWURZ

(Symphytum officinale)
Rauhblattgewächse

Merkmale:

Bis zu 80 cm hoch; die daumendicke Pfahlwurzel ist außen schwarz, innen weiß und schleimig; Stengel aufrecht, innen hohl, oben verzweigt; Blätter am unteren Pflanzenteil gestielt, bauchig lanzettförmig, bis 20 cm lang, nach oben hin kleiner werdend und ohne Stiel (sitzend). Auf der Unterseite dicht behaart, oberseits nur vereinzelt. Blüten in überhängenden Trauben; rotviolett, rot oder gelblich. Botanisch verwandt mit dem Borretsch (Gurkenkraut). Geschmack mild-würzig und fein.

Sammelplätze (Wuchsorte):

In reichen Beständen auf schattigen, feuchten Wiesen, in Gräben, an Bachufern, bis 1500 m Höhe.

Sammelzeit:

Blätter: Für die Küche ideal vor der Blüte ab März bis in den Sommer; für Heilzwecke während der Blüte; die Wurzel im Frühjahr oder Herbst.

Verwendbar:

In der Küche die jungen, frischen Blätter für Mischgemüse, zur Rohkost; aber auch in Bierteig oder in der Eierspeise gebacken und als Würzkraut. Einige Stunden in Wasser angesetzt, bilden die Blätter eine gesunde Basis für erfrischende Gemüse- und Fruchtsäfte. Beinwellblätter eignen sich wegen ihres milden Geschmacks auch ausgezeichnet für eine Mischung mit intensiv schmeckenden Gemüsearten wie Bärlauch, Brennessel oder Giersch. Auch in der „Neunstärke" (siehe Seite 24) fehlt sie nie. Die geschälten Wurzeln schmecken als Gemüse gedünstet oder fein geraspelt zur Rohkost.

Beinwell ist eine alte Heilpflanze, die schon von den Griechen benutzt wurde. Sie enthält Gerbstoffe, ätherische Öle, Cholin, Schleimstoffe und den Wirkstoff Allantoin, das bei Verletzungen die Neubildung von Gewebe fördert. Äußerlich helfen Umschläge bei Verstauchungen, Venenentzündungen und müden Beinen. In der Volksheilkunde wurde ein gekochter Brei aus Beinwellblättern zur Heilung eitriger Wunden verwendet. Die wundheilende Wirkung des Beinwells ist auch wissenschaftlich bestätigt. Das enthaltene Cholin erweitert die Gefäße und fördert die Durchblutung.
Als Gemüse ist er sehr gut verträglich, ein Magenstreichler, der auch Entzündungen der Magen- und Darmschleimhäute vorbeugt.

„Neunstärke"
Spinatgemüse mit
Spiegelei

Das ist ein traditionelles Osterwochengericht aus neun verschiedenen Pflanzen. Die Bezeichnung „Neunstärke" kommt daher, daß die Kräfte durch die Vielzahl der Frischpflanzen neu belebt werden. Die Zusammensetzung und Zubereitung sind in den einzelnen Gegenden sehr unterschiedlich. Eine Möglichkeit geht so:

Zutaten:
500 g gemischte Spinatblätter
(Junge Blätter von Bachbunge, Beinwell, Brennessel, Giersch, Guter Heinrich, Huflattich, Sauerampfer, Wegerich, Wiesenknöterich)
1 l kochendes Wasser
40 g Butter
30 g Mehl
3 Knoblauchzehen
Milch nach Bedarf
Salz, Muskatnuß
4 Eier

Zubereitung:
- Spinatblätter putzen, große Stiele entfernen, sehr gut waschen.
- In Wasser kurz aufkochen, abseihen und passieren.
- Butter in einem Topf erhitzen, Mehl zugeben und unter Rühren goldgelb werden lassen.
- Spinat dazugeben, Knoblauchzehen hineindrücken, mit Salz und Muskat würzen und mit Milch zu einem cremigen Gemüsebrei aufkochen.
- Gemüsebrei auf Tellern anrichten, gebratene Spiegeleier darauflegen und mit Salzkartoffeln servieren.

Gemüsekuchen mit Schwarzwurzeln und Sauce Vinaigrette

(für 4 Personen als Vor-,
für 2 Personen als Hauptspeise)

Zutaten:

100 g Wurzeln vom Beinwell, gekocht und geschält
3 junge Karotten, kernig gekocht
100 g Erbsen
100 g mageren Schinken
120 g Rahm
2 Eier
1 Eigelb
Salz, Pfeffer, Paprikapulver, Muskat

Zubereitung:

• Wurzelgemüse, gekochte Karotten und Schinken in kleine Würfel schneiden, mit den Erbsen
vermischen.
• Kleine Kuchenform mit Back-
papier auslegen.
• Schinken-Gemüsemischung
hineingeben.
• Rahm, Eier und Eigelb mit den
Gewürzen gut vermischen und
über das Gemüse in die Kuchenform gießen.
• Im vorgeheizten Backrohr bei
180° etwa 30 Min. backen, herausnehmen und etwas ausdämp-
fen lassen.
• Während des Backens Sauce Vinaigrette (Rezept Seite 73) bereiten.
• Den noch warmen Kräuterku-
chen auf eine Platte stürzen.
• Mit Brot und Sauce Vinaigrette
servieren.

KLEINE BIBERNELLE, PIMPERNELLE, PFEFFERWURZ, STEINPETERLEIN

(Pimpinella saxifraga)
Doldengewächse

Merkmale:
30–50 cm hohe, ausdauernde Pflanze mit dicker, langer Wurzel; Stengel fein gerillt, hohl, ästig, unten behaart, oben fast blattlos; runde bis eiförmige, gezähnte Blätter; Blüten weiß bis gelblichweiß in Dolden. Blätter sehr aromatisch in Geruch und Geschmack. Wurzel geringelt, bockartiger Geruch, scharf, aber medizinisch hochwirksam. Botanisch mit dem Anis verwandt.

Sammelplätze (Wuchsorte):
Straßenränder, trockene, magere Wiesen, Schutthalden, Waldränder, Böschungen, Hügelhänge, bis 2300 m Höhe sehr häufig.

Sammelzeit:
Blätter Mai bis Juni; Wurzel Frühjahr und Herbst.

Verwendbar:
Junge Blätter und Triebe als Würzkraut verfeinern Suppen, Gemüse, Wildkräuter- und Gartensalate, Eierspeisen, Frischkäse, Saucen, Marinaden, Brotaufstriche. Geruch und Geschmack sind ausgesprochen aromatisch. Wurzeln getrocknet und gemahlen können zu Heilzwecken sparsam als Zusatz in Säften, Joghurt, in Tees verwendet werden, lassen sich aber für einen Verdauungslikör auch gut in Alkohol ansetzen.

Die Bibernelle ist eine wertvolle alte Heilpflanze. Sie stillt Schmerzen bei Darmkoliken, Magenerkrankungen und der Gebärmutter. Sie ist wundheilend, haut- und in starkem Maß blutreinigend. Auch mit alten „verhockten" Giften im Darm wird sie fertig. Ist der Körper erst einmal seine „inneren Feinde" los, hat er eine bessere Abwehr gegen Schnupfen, Grippe, Husten und Bronchitis. Im Mittelalter war sie die Pest- und Cholerapflanze. „Esset Eberwurz und Bibernell, damit Ihr sterbet nit so schnell", hieß die Rede.

Hinweis:
Es gibt auch eine Große Bibernelle *(Pimpinella major)*. Sie wird bis zu 1 m hoch und sieht fast gleich aus wie die Kleine Bibernelle. Nur sind die Blüten oft leicht rosa und die kantig gefurchten Stengel bis oben beblättert. Ihre jungen Blättchen duften und schmecken genau so aromatisch und lassen sich gut für Gemüsegerichte und Suppen verwenden.

Überbackener Nudelauflauf

Zutaten:
350 g Nudeln nach Belieben
200 g gehackter Schinken
60 g blanchierte und gehackte Bibernelleblätter
140 g blanchierte und gehackte Brennesselblätter
80 g Butter
1/8 l Sauerrahm
2 Eier
150 g grob geriebener Emmentaler Käse
2 EL gehackte Zwiebeln
Salz, weißer Pfeffer

Variante:
Mit den Blättern der Bibernelle mischen oder stattdessen Guter Heinrich, Roter Wiesenklee.

Zubereitung:
- Nudeln in Salzwasser kochen (nicht zu weich), abseihen, beiseite stellen.
- Eidotter vom Eiklar trennen.
- Butter mit Dotter schaumig rühren, mit Salz, Pfeffer, Zwiebeln, Schinken, gehackten Bibernelle-, Brennesselblättern und Sauerrahm gut mischen.
- Steif geschlagenes Eiklar unter die Masse heben.
- Feuerfeste Auflaufform ausbuttern, dann abwechselnd eine Lage Nudeln und eine Lage Schinkengemisch in die Form geben; mit einer Lage Schinkengemisch abschließen.
- Mit einigen Butterflocken und geriebenem Käse bestreuen.
- Im vorgeheizten Backrohr bei mittlerer Hitze etwa 25 Min. goldbraun überbacken.

31

BORRETSCH, GURKENKRAUT, HERZFREUDE, LIEBÄUGLEIN

(Borago officinalis)
Rauhblattgewächse

Merkmale:

Einjährig, 40–60 cm hoch, genügsam, Stengel und Blüten rauh behaart, Blätter runzelig, unten gestielt, oben sitzend; Blüten (ab Mai bis Herbst) blau mit fünf Kronblättern, nickend, lockerer Blütenstand. Geschmack nach frischen Gurken, darum nennt man die Pflanze auch Gurkenkraut.

Sammelplätze (Wuchsorte):

Wegränder, Schutthalden, Brachland, bis 1600 m Höhe, auch als Küchenkraut im Garten.

Sammelzeit:

Mai bis Juli.

Verwendbar:

Die Blätter als Spinat; als Gewürzkraut harmoniert Borretsch sehr gut mit Kohlgemüsen wie Wirsing oder Kohlrabi, macht Gurkensalat besonders wohlschmeckend und gibt allen Garten- und Wildkräutersalaten ein frisches Aroma; zu Kartoffeln, frisch und feingehackt auf Tomaten, auf das Butterbrot, in Frischkäse und Topfen (Quark); die Blüten schmecken auch süß in Bierteig gebacken und mit Staubzucker bestreut.

In Borretsch steckt das Wort „Bart", wohl wegen der behaarten Blätter. Die Pflanze enthält Mineralstoffe, Stärke und ist reich an Schleimstoffen. Sie wirkt lösend und hat eine sehr positive und harmonisierende Wirkung auf das Nervenkostüm, denn die Pflanze vertreibt negative Gedanken und schmerzliche Gefühle. Borretsch galt schon bei den Römern als Gemütsaufheller. „Er nimmt alle schwarze Phantasie" heißt es auch in den mittelalterlichen Kräuterbüchern. In diesem Sinne gehört er neben Waldmeister, Veilchen und Rose zu den vier herzstärkenden Pflanzen und wirkt sehr gut bei nervöser Herzschwäche und nervösem Herzklopfen. Er unterstützt aber auch die Leber bei ihrer Tätigkeit, indem er hilft, Schlacken aus dem Körper abzutransportieren. Er wirkt harntreibend, blutreinigend, schweißtreibend und abführend. Ein Tee aus Borretschblättern und -blüten fördert reinigendes Schwitzen. Regelmäßig ein Salat aus Borretschblättern, Brunnenkresse und Löwenzahn ist ein Geheimtip für schöne Haut, kräftige Haare und gute Laune.

Frankfurter grüne Sauce

Hier handelt es sich um das Rezept einer alten Frankfurter Familie aus Goethes Zeiten.

Zutaten:
200 g gemischte frische Kräuter, und zwar jeweils etwa gleich viel von Bibernelle
Sauerampfer
Brunnenkresse
Borretsch
Kerbel
Estragon
Petersilie
Schnittlauch
Zitronenmelisse
100 g Mayonnaise
100 g Sauerrahm
2 hart gekochte Eier
Salz, Pfeffer

Zubereitung:
• Eier fein hacken, Kräuter waschen, trocknen, ebenfalls fein hacken.
• Mayonnaise und Sauerrahm hinzugeben, mit Salz und Pfeffer würzen und alles gut mischen.

Sehr gut zu kaltem Fisch, Fleisch und Kartoffeln.

Spinatknödel mit Borretsch und Brennesseln

Zutaten:
6 altbackene Semmeln (oder 240 g Knödelbrot)
6 gehäufte EL Borretsch, fein gehackt
6 gehäufte EL Brennesselblätter, blanchiert und fein gehackt
2 kleine Zwiebeln
60 g Butter
1/4 l Milch
2 Eier
2–3 EL Mehl

Zubereitung:
• Semmelwürfel und Zwiebeln in Butter anrösten, gehackte Kräuter dazumischen.
• Milch und Eier versprudeln, salzen, über Semmeln und Spinat gießen, mehrmals umrühren.
• Masse mit Mehl binden und Knödel formen.
• In kochendes Salzwasser einlegen, auf kleiner Flamme köcheln lassen.
• Sobald die Knödel nach oben steigen (10–15 Min.), sind sie gar.
• Mit brauner Butter und grünem Salat servieren.

GROSSE BRENNESSEL, GROSSE NESSEL, DONNERNESSEL, HANFNESSEL, SAUNESSEL, NETTEL, GÄNSENESSEL

(Urtica dioica)
Nesselgewächse

Merkmale:

50–150 cm hoch; Stengel vierkantig; Blätter dunkelgrün, länglich, am Grund herzförmig, grob gezähnt, mit Brennhaaren besetzt; Blüten klein, grünlich, in hängenden Rispen. Der Geschmack ist würzig. Die seltenere Kleine Brennessel *(Urtica urens)* ist einjährig, die Blätter sind tiefer gesägt, die Blütenrispen kurz. Berührt man die Blätter der Brennessel, brechen die feinen Spitzen der Brennhaare ab, die flüssigen Substanzen treten aus und verursachen auf der Haut den brennenden Nesselausschlag. Ganz junge und getrocknete Brennesseln brennen nicht.

Sammelplätze (Wuchsorte):

An Zäunen, Wegen, Hecken, Mauern, bei Schuttplätzen, in Wäldern, Gebüschen, bis 3000 m Höhe.

Sammelzeit:

April bis Juni.

Verwendbar:

Besonders schmackhaft sind die ersten jungen Blätter und Triebe im Frühling für Spinat und Kräutersuppen mit Sahne, als Füllungen für Teigtaschen, Pasteten, Omeletten, Strudel und Gemüsekuchen; ältere Pflanzen zum Trocknen ab April den ganzen Sommer als Gewürz oder frisch für Teeaufgüsse und Haarspülungen. Hacken Sie dafür die ganzen Pflanzen und die Wurzeln, um eine möglichst intensive Wirkung zu erzielen. Ein altes Haarwuchsmittel ist, die Wurzel in Essig zu sieden und sich mit dem Absud vor der letzten Spülung die Kopfhaut zu massieren.

Die Brennessel ist auch eine alte Heil- und Zauberpflanze. Sie ist reich an Mineralstoffen und Vitaminen, enthält vor allem Eisen, Schwefel, Kalk, Kalium und die Vitamine A und C. Sie reinigt das Blut, regt den Gallenfluß an, wirkt harntreibend, entschlackt und kurbelt den gesamten Stoffwechsel an. Daher wird sie bevorzugt in der „Neunstärke" verwendet und fehlt in keiner Frühjahrskur. Für Spinat läßt man sie zuerst in heißem Wasser oder heißer Brühe zusammenfallen, kocht sie einige Minuten weich und dünstet sie anschließend ein. Damit Brennesseln auch roh nicht brennen, genügt es, sie einige Zeit in Öl zu legen. Bei den Germanen war die Brennessel Donar, dem Gott der Fruchtbarkeit und Zeugung, geweiht. Brennesselkohl, Brennesselkuchen und Brennesseln in Wein sollten demnach zur Liebe anregen. Brennesseln waren außerdem lange Zeit ein bewährtes Wollfärbemittel, lieferten Fasern für Schnüre, Taue und Fischernetze und halfen, Donner, Blitz, Hexen und Teufel abzuwehren. Im Garten dienen sie heute noch als Brennesseljauche zur Abwehr von Läusen, Ameisen und anderem Ungeziefer.

Brennesselsuppe mit Knoblauchcroutons

Zutaten:
250 g junge Brennesselblätter
100 g Kartoffeln
60 g Butter
1 l klare Rindssuppe
6 EL Sauerrahm
Salz, weißer Pfeffer
Muskatnuß, gemahlen
4 Scheiben Toastbrot
4 Knoblauchzehen

Zubereitung:
• Kartoffeln waschen, schälen, in Würfel schneiden, in der Rindssuppe weichkochen, Suppe abseihen.
• Brennesselblätter gut waschen, blanchieren, in Butter weichdünsten und gemeinsam mit den weichgekochten Kartoffeln fein pürieren, alles mit der Rindssuppe nochmals kurz aufkochen, zuletzt Gewürze und Sauerrahm einrühren, abschmecken.
• Toastbrot in kleine Würfel schneiden.
• Butter mit ausgedrücktem Knoblauch erhitzen, Brotwürfel darin goldbraun rösten.
• Die Croutons erst direkt vor dem Essen in die Suppe geben, damit sie knusprig bleiben.

Bandnudeln mit Brennesselspinat
(Schnellgericht für 2 Personen)

Zutaten:
200 g Bandnudeln
200 g Brennesselblätter
80 g Rahm
4 EL Olivenöl
2 EL geriebener Parmesan
2 EL Pistazienkerne oder Pignoli
2 EL geschnittene Champignons
2 EL gehackte Schalotten
2 Knoblauchzehen
Salz, Pfeffer

Variante:
Mit den Brennesseln mischen oder stattdessen Guten Heinrich oder Roten Wiesenklee verwenden.

Zubereitung:
• Nudeln in Salzwasser kochen (nicht zu weich), 1 EL Öl ins Wasser geben, damit sie nicht zusammenkleben, Brennesselblätter sorgfältigst waschen, dickere Stengel entfernen.
• Öl in einen Topf geben, erhitzen, Champignons und Schalotten darin leicht anbraten, Knoblauchzehen hineindrücken, dann die Brennesselblätter und Pistazienkerne beigeben, zusammen dünsten.
• Rahm, Salz und Pfeffer zugeben, nochmals alles 2 Min. dünsten lassen, mehrmals umrühren.
• Nudeln untermischen und eine weitere Min. dünsten.
• Sofort servieren und auf den Tellern mit dem geriebenen Parmesan bestreuen.

Brennesselnockerln

(für 4 Personen als Vor-,
für 2 Personen als Hauptspeise)

Zutaten:

200 g Brennesseln
80 g Butter
200 g Topfen
8 EL Mehl
2 Eier
100 g Parmesan, möglichst frisch gerieben
1 Prise geriebene Muskatnuß
3 Knoblauchzehen
Salz

Zubereitung:

- Brennesselblätter putzen, gründlich waschen, etwa 1–2 Min. in kochendes Salzwasser geben (blanchieren), abseihen, abtropfen lassen.
- In einer Pfanne etwa 30 g Butter mit zerdrückten Knoblauchzehen erhitzen, Brennesselblätter hineingeben, bei mittlerer Hitze 4 Min. dünsten, mehrmals umrühren.
- Gedünstete Blätter herausnehmen und fein hacken.
- Topfen, Mehl, die Hälfte des Parmesans und die Eier gut verrühren, Brennesselblätter, Salz und Muskatnuß dazugeben, den Teig gründlich mischen.
- In einem Topf 2 1/2 l Wasser zum Kochen bringen, salzen, 1 EL Öl zufügen.
- Aus der Teigmasse kleine Nokkerln formen, mit Hilfe eines Eßlöffels ins Wasser gleiten lassen, Hitze reduzieren, Nockerln ca. 10 Min. ziehen lassen (Wasser soll nicht mehr kochen, da sonst die Nockerln zerfallen).
- Inzwischen die restliche Butter in einem kleinen Topf goldgelb erhitzen.
- Wenn die Nockerln an die Oberfläche steigen, herausnehmen, abseihen, mit der zerlassenen Butter übergießen und mit dem restlichen Parmesan bestreuen.

BRUNNENKRESSE, BACHKRESSE

(Nasturtium officinale)
Kreuzblütler

Merkmale:

Feuchtigkeitsliebend, bis 80 cm hoch, Stengel kriechend bis aufsteigend, rund, kahl, hohl im Hauptast; Blätter dunkelgrün, fleischig, unpaarig gefiedert, ovale Seitenblätter, die Endblätter etwas größer und rundlich, Blüten traubenförmig, achsel- oder endständig, gelbe Staubgefäße; Blütezeit Mai bis September; aus den Blüten entwickeln sich runde Schoten. Geschmack der Blätter würzig, leicht scharf, rettich- und senfartig.

Sammelplätze (Wuchsorte):

Bevorzugt an sauberem, fließendem Wasser, kleinen Wiesenbächen, Gräben, Quellfluren, bis 2400 m Höhe.

Sammelzeit:

Junge Triebe und Blätter ab März bis ca. Mai, dann wieder im Spätherbst, in tieferen Gewässern auch im Winter. In den Sommermonaten haben die Blätter einen brennend scharfen und ziemlich bitteren Geschmack.

Verwendbar:

Blätter möglichst roh und frisch als Salat, zu Topfenaufstrichen, in pikanten Joghurtsaucen, zu Frischkäse, auf das Butterbrot und die Pizza. Nehmen Sie aber nur Blätter aus sauberen Gewässern, die Sie gut abspülen, um keine Leberegel und Insektenlarven im Essen zu haben. Geben Sie etwas Speisesoda (Natrium-Bicarbonat) oder einen Schuß Essig ins Waschwasser. Brunnenkresse verträgt sich gut mit Löwenzahn, Beinwell und Gundelrebe. Sie schmeckt auch in einer feinen Frühlingssuppe. Beachten Sie aber, daß die Brunnenkresse beim Kochen, Schneiden und Stehen an der Luft viel von ihren wertvollen Stoffen verliert.

Auch die Brunnenkresse ist ein altes Heilkraut, das schon die Griechen verwendeten. Sie enthält ätherisches Öl, Senfglykosid, Bitterstoffe, Gerbstoffe, Jod, einen erheblichen Anteil Vitamin A, B, C und E; Brunnenkresse enthält mehr Vitamine als alle übrigen Salate. Frische Blätter kräftigen bei Schwächezuständen und Kreislaufbeschwerden, klären die Haut, regen den Stoffwechsel an und helfen gegen Zahnfleisch- und Mundentzündungen. Roh (auch auf nüchternen Magen) gegessen sind sie ideal zur Entschlackung in einer Frühjahrskur. Bei unreiner Haut bewährt sich eine Waschung mit einem Aufguß oder ein Gesichtsdampfbad. Wenn Sie unter starkem Haarausfall leiden, probieren Sie einmal, regelmäßig frische Brunnenkresse zu essen.

Hinweis:
Die Pflanze ist stark harntreibend, daher in der Schwangerschaft nicht zu viel und nicht zu oft verwenden.

Grüne Sauce aus Brunnenkresse und Sauerklee

Zutaten:
6 gehäufte EL fein gehackte Brunnenkresse
1 EL fein gehackter Sauerklee
125 g Joghurt
125 g Crème fraîche
1 EL Öl
1 EL Essig
Salz, weißer Pfeffer

Zubereitung:
• Joghurt, Crème fraîche, Essig und Öl gut vermischen, Kräuter einrühren, mit Salz und Pfeffer würzen.

Zu Pellkartoffeln, Fisch und kaltem Rindfleisch.

Kartoffelsalat mit Brunnenkresse

Zutaten:
500 g „Kipfler"-Erdäpfel mit der Schale gekocht
5 EL Brunnenkresse
2 Frühlingszwiebel
2 El Kräuteressig
4 EL Öl
Salz, Pfeffer

Zubereitung:
• Kresse waschen und trocknen. Die gekochten Kartoffeln schälen, in Scheiben schneiden und in eine Schüssel geben.
• Zwiebel fein hacken.
• Aus Essig, Öl, Salz und Pfeffer eine Marinade machen, abschmecken.
• Gehackte Zwiebel in Marinade geben.
• Kresse und Marinade vorsichtig mit den Kartoffeln vermischen.

Variante:
Sehr gut geeignet zum Einmischen in den Kartoffelsalat sind auch der Feldsalat, junge Löwenzahnblätter sowie in geringen Mengen Sauerklee und Sauerampfer.
Statt der „Kipfler" können Sie auch andere festkochende Erdäpfelsorten verwenden.

Kresserahmsuppe

Zutaten:
200 g fein gehackte Brunnenkresse
1 l klare Rindssuppe
1/8 l Schlagobers
1/16 l Weißwein
Salz, weißer Pfeffer

Variante:
Statt Kresse schmecken auch junge Bärlauch- und Sauerampferblätter ganz ausgezeichnet.

Zubereitung:
- Rindssuppe, Kresseblätter, Schlagobers, Weißwein und Gewürze mixen und erhitzen, aber nicht kochen lassen.
- Mit Kresseblüten oder -blättern garnieren und mit warmen Brötchen servieren.

GÄNSEBLÜMCHEN, MASSLIEBCHEN, OSTERBLÜMCHEN, TAUSENDSCHÖN

(Bellis perennis)
Korbblütler

Merkmale:

Ausdauernd, bis 10 cm hoch, Blütenstiele kahl oder auch kurzhaarig; Blätter in einer grundständigen Rosette, schmal bis verkehrt eiförmig, Blütenköpfe innen gelb mit zungenförmigen, weißen oder hellrosa Blüten mit rotem Rand und roter Unterseite. In der Nacht und bei Regen schließen sich die Blütenköpfchen; Geschmack rund, nußartig, angenehm.

Sammelplätze (Wuchsorte):

Wiesen, Parks, Wegränder, Weiden, bis 2400 m Höhe.

Sammelzeit:

Ab März bis in den Herbst und sogar im Winter. Zum Trocknen ideal sind Juni/Juli.

Verwendbar:

Blätter, Knospen und Blüten für Salate, auch in Mischsalaten; im Frühjahr sind die inneren Blättchen der Rosette besonders zart; Blütenköpfe auch als frische, sinnlich ansprechende Verzierung von pikanten Aufstrichen und Süßspeisen. Süß auch zusammen mit einem Melissen- oder Minzeblatt auf Grütze, Creme, Mousse oder Pudding. Die Knospen in Essig eingelegt als Kapernersatz sind eine raffinierte Leckerei zu gekochtem oder gegrilltem Fleisch, Fisch und Getreidelaibchen. Die getrockneten Blütenköpfe verwenden Sie für entschlackende und blutreinigende Teemischungen.

In der geschichtlichen Tradition werden immer die Frauen mit dem Gänseblümchen zusammengebracht. So gilt es astrologisch als „Kind der Venus", bei den Germanen war es der Freya, der Göttin der Fruchtbarkeit, des Frühlings und der Auferstehung, geweiht. Im Christentum gehört es zu Maria, der Gottesmutter. Die Legende sagt, daß es aus ihren Tränen entstanden ist. Im Mittelalter schätzte man es als besonders gutes Wundkraut. Aber es hat noch viele andere interessante Eigenschaften. Es gilt als blutreinigend, verdauungsfördernd, harn- und schweißtreibend, entzündungshemmend und krampflösend, besonders bei Menstruationsbeschwerden. Die in Blüten und Blättern enthaltenen Saponine wirken stoffwechselanregend und kräftigend. In manchen Gegenden heißt das Gänseblümchen auch Osterblume, weil zu Ostern seine Heilkraft am stärksten sein soll. In der Küche kombinieren sich Gänseblümchen gut mit allen Gartensalaten und mit den meisten Wildkräutern, so z. B. Löwenzahn. Vor allem aber bringen sie Farbe, Leben und wie ihr lateinischer Name sagt, „Schönheit" *(bellis)* ins Essen. Die Homöopathie verwendet die frische blühende Pflanze für eine Essenz zur Tonisierung der Gefäßmuskulatur.

Frühlingssalat mit Gänseblümchen und Walnüssen

Zutaten:
100 g Feldsalat
1 Chicorée
20 junge Löwenzahnblätter
2 EL Brunnenkresse
2 EL Gänseblümchenblätter
2 EL Gänseblümchenblüten
2 EL Walnußkerne, halbiert
Marinade:
6 EL Essig Balsamico (bevorzugt)
6 EL Olivenöl
1 Frühlingszwiebel
Salz, weißer Pfeffer

Zubereitung:
• Zwiebel fein hacken.
• Kräuter putzen, waschen, trocknen.
• Gänseblümchenblüten und -blätter gesondert legen.
• Öl, Essig, Salz, Pfeffer und Zwiebel zu einer Marinade vermischen.
• Kräuter in eine Schüssel geben, Walnüsse verteilen und mit den Gänseblümchen und -blättern verzieren.
• Marinade in einem Kännchen gesondert servieren.

GIERSCH, GEISSFUSS,
(Aegopodium podagraria)
Doldengewächse

Merkmale:
40–90 cm hoch; robust, Stengel glasig, stark wasserhaltig, tief gefurcht, oben verzweigt; Blätter hellgrün, gestielt, gezahnt, breitelliptisch; Blüten rötlich weiß und sehr klein, in 15–20strahligen, doppelten Dolden. Blütezeit Juni bis August. Geruch angenehm nach Petersilie und nicht stinkend im Gegensatz zum giftigen Schierling. Geschmack der Blätter vor der Blüte nussig, würzig; ältere Blätter schmecken intensiver nach Petersilie.

Sammelplätze (Wuchsorte):
Bachufer, feuchte, nährstoffreiche Wiesen, Waldränder, an Zäunen, am wohlsten fühlt er sich im Halbschatten, unter Obstbäumen oder am Waldrand, bis 1800 m Höhe.

Sammelzeit:
Ende April bis Juni für die Verwendung als Wildgemüse; zum Trocknen kurz vor der Blüte das ganze Kraut sammeln, bündeln und an einem luftigen und trockenen Ort aufhängen.

Verwendbar:
In der Küche ergeben die jungen Blätter vor der Blüte als Wildgemüse einen wohlschmeckenden, herben Kräuterspinat. Sehr gut ist der Giersch auch im Mischspinat. Er verträgt sich gut mit Bärlauch, Brennessel, Gutem Heinrich und Rotem Wiesenklee. Es lassen sich auch ausgezeichnete Aufläufe, Eintöpfe (siehe Rezept Seite 54), Laibchen, Nocken und Knödel herstellen. Gierschblätter sind auch eine feine Beimischung für eine würzige Kräutersuppe, roh in Frühlingssalaten, Topfenaufstrichen und Joghurtsaucen. Ältere und getrocknete Blätter verwenden Sie am besten feingehackt oder gerebelt zum Würzen von Gemüsegerichten und Suppen.

Der Giersch war schon immer vor allem eine beliebte Wildgemüsepflanze. Er enthält ätherisches Öl und wurde in der Volksheilkunde deswegen zur Behandlung von Gicht verwendet. So heißt er in einigen Gegenden auch „Gichtkraut". Mit Giersch behandelte man auch Hämorrhoiden, Durchfall und Hautkrankheiten. Er hat aber heute seine Bedeutung in der Volksmedizin verloren. In der Naturküche hingegen hat man ihn wegen seiner Vielseitigkeit und seines würzigen Aromas wieder neu entdeckt.

Lammeintopf mit Spinat vom Giersch
(für 2 Personen)

Zutaten:
300 g Lammfleisch (Schlögel)
250 g Kartoffeln
40 g junge Gierschblätter
1/4 l klare Suppe
1 EL Öl
1/2 EL Butter
1 EL Crème fraîche
1 TL Kümmel
1 TL Koriander
3 Knoblauchzehen
Salz, Pfeffer

Variante:
Mit dem Giersch mischen oder stattdessen verwenden: Bärlauch, Brennessel, Guter Heinrich, Roter Wiesenklee.

Zubereitung:
• Gierschblätter gründlich waschen, gröbere Stiele entfernen.
• Kartoffeln schälen, waschen, halbieren.
• Lammfleisch in etwa 3 cm dicke Würfel schneiden.
• Öl und Butter in einem Topf erhitzen, Knoblauch hineindrücken und Fleischwürfel darin von allen Seiten anbraten, dann würzen. Spinat und Kartoffeln dazugeben, mit der Suppe aufgießen, zugedeckt 40 Min. köcheln lassen.
• Crème fraîche dazugeben und nochmals 1 Min. durchziehen lassen.
• Mit Brot servieren.

GUNDELREBE, GUNDERMANN, DONNERREBE, ERDEFEU

(Glechoma hederacea)
Lippenblütler

Merkmale:

Stengel vierkantig, behaart, niederliegend, bis 30 cm lang, Ausläufer bildend; Blütenstiele aufrecht bis 20 cm hoch; Blätter gegenständig, graugrün, herzförmig, grob gekerbt; Blüten kleine, blauviolette Lippenblüten, in den Blattachseln stehend. Blütezeit April bis Juni. Geruch aromatisch, beim Zerreiben der Pflanze wenig angenehm, der Geschmack der rohen jungen Blätter ist scharf, würzig, herb, appetitanregend.

Sammelplätze (Wuchsorte):

Unter Gebüschen, Hecken, Bäumen in Laubwäldern, an Wegen und Waldrändern; die Pflanze liebt es nährstoffreich, feucht und schattig, bis 1600 m Höhe.

Sammelzeit:

Schon im Vorfrühling ab Ende März; zum Trocknen während der Blütezeit.

Verwendbar:

Junge Blätter und Triebe für Spinat, Frühlingssalate und Suppen.

Beim Überbrühen verliert sich die Schärfe und ein deutlich zitroniger Geschmack kommt hervor. Eine kleine Menge roh zu Salaten bringt Pfiff in Ihre Rohkost. Verwenden Sie die Blätter auch feingehackt in Kräutersaucen, im Kräutertopfen (Quark), in der Kräuterbutter, auf Frisch-

käse, über Eierspeisen gestreut oder mitgebacken. Getrocknet bilden die Blätter einen würzigen Bestandteil von Kräutersalzen und Kräutermischungen.

Die Gundelrebe ist reich an wertvollen Biostoffen: Bitterstoffe, Gerbstoffe, salpetersaures Kalium, Kieselsäure, Cholin, Harz, Zucker, viel Vitamin C und ätherisches Öl. Sie war eine der wichtigsten Heil- und Zauberpflanzen der Germanen. In der Pflanzenmedizin verwendet man sie gegen viele Leiden, so z. B. bei Magenerkrankungen, als Gurgelwasser bei Heiserkeit, als Tee zur Lösung von Schleim und Katarrhen, in Umschlägen zur Abheilung schwer heilender Wunden. Im Volksglauben sollte ein Kranz aus Gundermann auf dem Kopf helfen, Hexen zu erkennen und vor allem, die Kühe vor dem Behexen zu schützen. In der Küche war die Gundelrebe neben Gänseblümchen, Schafgarbenblättern, Brennnesseln, Spitz- und Breitwegerich, Vogelmiere und Kerbel Bestandteil der grünen Kräutersuppe am Gründonnerstag. Auch in Alexander von Humboldts Suppenkur im Frühjahr fehlte sie nicht. Was uns Menschen des 20. Jahrhunderts aber noch besonders freuen kann: Neben der entschlackenden Wirkung verleiht die Gundelrebe Kraft und innere Ruhe bei schwierigen Herausforderungen.

Wildkräutersauce mit Weißwein

Zutaten:
30 g gemischte Wildkräuter (Löwenzahn, Beinwell, Gundelrebe, Brunnenkresse)
2 Jungzwiebel
1 TL Senf
15 g Butter
15 g Mehl
0,1 l Weißwein
0,2 l Fleischbrühe
1/16 l Rahm
Salz, Pfeffer

Zubereitung:
• Kräuter fein hacken.
• Zwiebel fein hacken und in der Butter goldgelb dünsten. Mehl dazugeben und unter Rühren goldgelb werden lassen.
• Weißwein, Fleischbrühe, Kräuter, Salz und Pfeffer dazugeben, glattrühren und 10–15 Min. köcheln lassen.
• Vom Feuer nehmen und zuletzt Senf und Rahm einrühren.

Paßt zu gegrilltem Fleisch.

GUTER HEINRICH, WILDER SPINAT

(Chenopodium bonus-henricus)
Gänsefußgewächse

Merkmale:
30–60 cm hoch, Stengel hohl, kahl, braun, auch rötlich gerieft, Blätter gestielt, grün, groß, fleischig, dreieckig, etwas wellig am Rand, junge Blätter an der Unterseite leicht mehlig und klebrig, Blütenrispen (Mai bis August) mit kleinen, grünlich bis rosa Blüten. Geruch schwach, leicht würzig.

Sammelplätze (Wuchsorte):
Nur in Mitteleuropa. Oft in großen Gruppen auf Äckern, auf Schuttplätzen, in der Nähe von Misthäufen, Viehweiden, Gartenzäunen, in den Alpen besonders bei Almhütten; liebt stickstoffreiche, fette Böden, bis 2800 m Höhe.

Sammelzeit:
Ab April.

Verwendbar:
Sehr vielseitig. Junge Zweigspitzen und Blätter für Spinat, als Beimischung in der Kräutersuppe, als Mischgemüse mit Brennnesseln und Bärlauch, für Aufläufe und Füllungen von Gemüsestrudeln, Kohlblättern, Kartoffelknödeln, als Beimischung in Bratlingen und Kräuternocken. Es ist wichtig, die Blätter immer sorgfältig zu waschen, eventuell wieder mit einem Eßlöffel Speisesoda im Waschwasser, oder sie vor dem Kochen rasch zu überbrühen. Dieses Wasser sollten Sie dann wegschütten.

Heinrich war ein beliebter Name für Dämonen und Naturgeister. Der Gute Heinrich ist keine eigentliche Heilpflanze, aber er ist nährstoffreich und fördert die Verdauung. Die Pflanze enthält Vitamin C und wertvolle Mineralstoffe, besonders Eisen. Eisen brauchen wir, damit die Zellen atmen, für die Bildung der roten Blutkörperchen, für starke Muskeln und wichtige Enzyme. Nur mit ausreichend Eisen in der Nahrung sind wir körperlich und seelisch belastbar. Der Gute Heinrich macht auch schön. Eine Waschung beruhigt irritierte Haut und klärt den Teint.

Frühlings-Gemüsesuppe
mit dem Guten Heinrich

Zutaten:

1 l klare Rindssuppe
40 g junge Blätter vom Guten
Heinrich
4 junge Karotten
2 Jungzwiebeln
2 kleine Petersilienwurzeln
4 EL junge Erbsen
2 EL gehackte Petersilie
2 Knoblauchzehen
40 g Butter

Variante:

Rindssuppe können Sie immer
durch Gemüse- oder Kräuterfond
ersetzen. Für diese Suppe eignet
sich auch der Rote Wiesenklee sehr
gut.

Zubereitung:

• Karotten und Petersilienwurzeln
  in kleine Würfel schneiden.
• Zwiebeln hacken.
• Butter in einem Topf erhitzen,
  Gemüse (mit Ausnahme vom
  Guten Heinrich) und Zwiebeln
  darin kurz anbraten.
• Knoblauch hineindrücken, sal-
  zen, ganze Blätter des Guten
  Heinrichs dazugeben.
• Mit der Suppe aufgießen und
  20–30 Min. köcheln lassen.
• Petersilie erst in die fertige Sup-
  pe streuen.

Kopfsalat mit Räucherlachs und Hopfenspitzen
(Vorspeise)

Zutaten:
4 Salatherzen
120 g Räucherlachs
40 junge Löwenzahnblätter (im Schatten gewachsen)
4 EL Hopfenspitzen
2 EL Pignoli oder Walnüsse
Olivenöl
Essig Balsamico
Salz, Pfeffer

Zubereitung:
- Salat und Löwenzahn waschen, trocknen, auf 4 Teller verteilen.
- Räucherlachs in Streifen schneiden und hübsch darüberlegen.
- Pignoli (oder Walnüsse) und Hopfenspitzen daraufstreuen.
- Olivenöl, Essig, Salz und Pfeffer extra servieren, so daß sich jeder den Salat selbst würzen kann.

HOPFEN, WILDER
(Humulus lupulus)
Hanfgewächse

Merkmale:
Kletterpflanze, bis 6 m hohe Triebe winden sich an allen erreichbaren Stützen wie Stämmen, Baumzweigen und Sträuchern empor; Stengel kantig, mit Kletterhaaren, rechtswindend; Blätter gegenständig, oberseits borstig behaart, drei- bis fünflappig gezähnt, mit den Blättern der Weinrebe verwechselbar, aber beim Hopfen fehlen die Ranken; Blüten gelbgrün, zweihäusig. Männliche bilden rispenartige Dolden in den Blattachseln, weibliche hängende, zapfenartige Blütenstände, an deren Innenseite sich die Lupulindrüsen befinden. Geruch würzig, Geschmack der jungen Triebe wie zarter Spargel. Die Blütenstände im Spätsommer haben einen kräftig aromatischen Geruch und Geschmack. Zu reife Zapfen schmecken bitter.

Sammelplätze (Wuchsorte):
In Gebüschen am Waldrand, auf nährstoffreichen Böden, oft sehr zahlreich in Auwäldern, in der Nähe von Gewässern, nahezu in ganz Europa, Nordamerika und Westasien, bis 1500 m Höhe.

Sammelzeit:

Als Wildgemüse von April bis Juli. Zum Trocknen und zur Gewinnung des beruhigenden Lupulins im Spätsommer und Frühherbst (September, Oktober) die Blütenstände sammeln und schonend trocknen.

Verwendbar:

Am besten schmecken junge Blatttriebe und Sprossen, wenn sie noch in den Knospen stecken. Roh oder in Salzwasser gekocht, mit reinem Olivenöl, Butter, in Schinkenrollen, zu Lachs, kombiniert mit Gartensalaten (siehe Rezept Seite 63), an marinierten Wildpilzen, pikant als Salat mit einer Vinaigrette, Sauce Hollandaise, in Pfannkuchen- oder Bierteig gebacken. Mit den im Spätsommer geernteten und getrockneten Zapfen füllen Sie ein Schlafkissen, oder machen einen Teeaufguß. Genießer setzen Hopfensprossen in Sherry an und trinken den aromatischen Schlaftrunk schlückchenweise.

Die jungen Hopfentriebe sind ein kulinarischer Hochgenuß. Aber der Hopfen ist auch eine alte Heilpflanze. Die mittelalterlichen Kräuterbücher preisen seine antibiotische, appetitanregende, harntreibende, blutreinigende und verdauungsbeschleunigende Wirkung. Heute schätzt man ihn in der Naturmedizin wegen seiner beruhigenden und schlaffördernden Kraft. Es sind die Bitterstoffe Humulon und Lupulon, die erhitzte Gemüter abkühlen und den ersehnten Schlaf bringen. Auch das enthaltene Cholin beruhigt und entspannt. In der Küche verwenden Sie am besten Ihre Spargelrezepte. Kochen Sie die Hopfentriebe kurz in Salzwasser al dente und richten Sie sie beliebig an.

Die zapfenähnlichen Blütenstände der weiblichen Hopfenpflanzen verwendet man in der Medizin ebenso wie zur Biererzeugung.

HUFLATTICH
(Tussilago farfara)
Korbblütler

Merkmale:

Widerstandsfähig, Blütenstiele 8–20 cm hoch mit Schuppenblättern; Blütenköpfe erscheinen vor den Blättern, intensiv gelb, bis 3 cm Durchmesser; Blätter grundständig, rundlich, grob gezähnt, im Umriß vieleckig, oberseits grün, unterseits weißlich grau, filzig behaart. Geschmack der Blüten und Blätter ist aromatisch würzig bis herb. Die Blätter enthalten mehr Wirkstoffe.

Sammelplätze (Wuchsorte):

An tonigen, lehmigen Stellen, auf Wiesen, Schuttplätzen, Äckern, an Dämmen und feuchten Wegrändern, bis 2600 m Höhe.

Sammelzeit:

Blätter von März bis Mai; die Blüten gleich nach der Schneeschmelze, wenn sie sich ganz geöffnet haben – rasch trocknen.

Verwendbar:

In der Küche sehr junge Blätter für Wildspinat, als Mischgemüse in der Neunstärke (Seite 24), in Kräutersuppen, Aufläufen und Salaten. Es ist wichtig, die Blätter vor dem Gebrauch zu überbrühen. Huflattich harmonisiert mit Kartoffeln, ist sehr schmackhaft in Bierteig oder Palatschinkenteig gebacken zu Salat, gekochtem Rindfleisch oder als

Suppeneinlage. Größere Blätter können wie Kraut als Hülle für Rouladen gebraucht werden. Getrocknete Blätter und Blüten für Husten- und Bronchialteemischungen; für Aufgüsse und Dampfbäder bei unreiner, fetter Gesichtshaut, auch für Spülungen gegen Schuppen und leicht fettende Haare. Blüten auch zum Verzieren von Salaten, süßen Cremen und Puddingen.

Blüten und Blätter enthalten Kalium, Natrium, Kalzium, Magnesium, Inulin, Gallussäure und andere Bitterstoffe, Schleimstoffe und Schwefel. Huflattich wirkt reizlindernd und lösend bei Husten und Bronchitis – von Hippokrates bis heute. Er reinigt auch das Blut, entgiftet, desinfiziert, klärt unreine Gesichtshaut. Die Pferdehändler in Böhmen nutzten eine andere Seite der Pflanze: Sie mischten ihren Tieren vor dem Verkauf Huflattich ins Futter, damit sie ein feuriges Aussehen bekamen. Huflattich enthält viel Schwefel. Dieser ist auch bei den Menschen verantwortlich für strahlende Augen, straffe Haut, elastische Gelenke und volle, glänzende Haare.

Wichtig:
Wenn Sie aus Huflattich einen Tee bereiten, immer filtrieren, damit die Blatthaare draußen bleiben und Sie keine Rachenreizung bekommen.

Huflattichblätter in Teig
(als Knabbergebäck oder als Suppeneinlage)

Zutaten:
30–40 junge Huflattichblätter mit Stiel
120 g Mehl
1/4 l Milch
1 Ei
1 EL Paprikapulver
Salz
ca. 1/4 l Öl (das beim Backen nicht spritzt)

Zubereitung:
• Blätter waschen und gut trocknen lassen.
• Kalte Milch und Mehl glatt verrühren. Ei, Paprikapulver und Salz untermengen.
• So viel Öl in einer Pfanne erhitzen, daß die Blätter darin schwimmen können.
• Blätter am Stiel in den Teig tauchen, ins heiße Öl legen, goldgelb backen.
• Aus dem übriggebliebenen Teig Palatschinken braten, in Streifen schneiden, für Suppeneinlage verwenden (läßt sich gut einfrieren).

67

KLEE, ROTER WIESENKLEE

(Trifolium pratense)
Schmetterlingsblütler

Merkmale:

Stengel bis 40 cm hoch, Blätter elliptisch bis verkehrt eiförmig, dunkelgrün mit einem V-förmigen hellgrünen Band auf jedem Blatt; Blütenköpfe rot, kugelig

mit einem Durchmesser von 2–3 cm.

Sammelplätze (Wuchsorte):

Auf fetten Wiesen, Weiden, an Wegrändern. Klee wird auch als Futterpflanze und als Gründüngungspflanze angebaut. Er reichert den Boden mit Stickstoff an.

Sammelzeit:

Blätter Mai bis Juli; Blütenköpfchen Mai bis Oktober.

Verwendbar:

Junge Blättchen als Beimischung für Wildspinat; die Blütenköpfchen zum Trocknen als Tee.

Die Pflanzenheilkunde empfiehlt den Wiesenklee wegen seiner blutreinigenden, entschlackenden und schleimlösenden Eigenschaften. Ein Tee aus den Blütenköpfchen lindert chronische Bronchitis, ein Sitzbad mit einem Aufguß hilft gegen Weißfluß. Die Kleeblüten sind im Frühsommer wertvolle Nahrung für die Bienen. Daraus entsteht der Kleehonig. Der Vierklee gilt schon seit alters als Glücksbringer, der dem Träger auch zur Hellsichtigkeit verhelfen soll.

Wiesenkleespinat

Zutaten:
500 g Wiesenkleeblätter
1/2 l klare Rindssuppe
2 EL Öl
2 EL Butter
3 EL Mehl
3 EL gehackte Petersilie
1 kleine gehackte Zwiebel
4 gehackte Knoblauchzehen
2 EL Crème fraîche
Salz, Pfeffer, Muskat

Variante:
Dieses Rezept eignet sich auch gut für Brennesselspinat; statt der Rindssuppe auch Gemüse- oder Kräuterfond.

Zubereitung:
- Blätter waschen, abtropfen lassen, in der Rindssuppe weichkochen, abseihen, pürieren, Kochsud aufheben.
- In einem Topf aus Butter und Öl mit Mehl eine goldgelbe Einmach zubereiten.
- Nun Zwiebel, Knoblauch und Petersilie einrühren, Kochsud nach und nach zugießen, zu einer mitteldicken Sauce verkochen.
- Spinatpüree dazumischen, würzen, abschmecken, nochmals kurz aufkochen lassen.
- Zuletzt Crème fraîche einrühren.

LÖWENZAHN
(Taraxacum officinale)
Korbblütler

Merkmale:

Bis 30 cm hoch, robust; Stengel und Blüten milchführend; Blätter in einer Rosette, grundständig, tief gezähnt; Blütenblättchen zungenförmig, intensiv gelbe Blütenköpfe bis 5 cm Durchmesser; Blütezeit April, Mai; lange Pfahlwurzel. Geschmack der Pflanzenteile herb und etwas bitter.

Sammelplätze (Wuchsorte):

Fette Wiesen, liebt Stickstoff, Grasplätze, weitverbreitet, bis 2000 m Höhe. Blätter von schattigen Standorten schmecken weniger bitter als von sonnigen Plätzen.

Sammelzeit:

Ab März die Blätter für ein Wildgemüsegericht, ab April die Blüten zum Trocknen für den Löwenzahnhonig; die Wurzeln im Herbst graben und im Backrohr trocknen, im Herbst sind sie beinahe süß und kaum bitter.

Verwendbar:

Junge Blätter roh oder leicht überkocht für Gemüse und Salate, klassisch mit Kartoffeln oder gemischt mit anderen Wild- oder grünen Gartensalaten. Sehr gut sind sie gedünstet mit Brennnesseln. Blütenknospen ergeben in Essig gekocht und mit Olivenöl mariniert ein pikantes Gemüse. In Essig eingelegt ersetzen sie Kapern. Die Blüten können auch süß verwendet werden z. B. eingelegt in Honig, mit Wasser und Zucker zu Sirup gekocht oder als Gelee. Die Wurzeln schmecken gedünstet zu grünen Salaten gemischt oder mit Olivenöl mariniert und mit frischen Kräutern bestreut. Als Tee wirken die Wurzeln harntreibend, abführend und stärkend für den gesamten Organismus.

Alle Teile der Pflanze sind wertvoll, aber Blätter und Wurzeln enthalten die meisten Wirkstoffe. Löwenzahn ist reich an Vitaminen A, B, Cholin und C, an Gerbstoffen, Bitterstoffen, Spurenelementen, Inulin (besonders die Wurzel im Herbst) und Mineralsalzen. Inulin leistet wichtige Dienste bei der Zuckerverwertung und beugt hohen Blutzuckerwerten vor. Die im Löwenzahn enthaltenen Bitterstoffe regen den Darm an, die Ballaststoffe zwingen alte Verdauungsrückstände und Fäulnisstoffe, den Körper zu verlassen. Ähnlich wird die Leber-, Nieren-, Gallen- und Blasentätigkeit angeregt, um verstärkt Giftstoffe loszuwerden. Eine solche Intensivreinigung ist die beste Vorbeugung gegen hohe Blutfettwerte und verstopfte Gefäße, die zu Schlaganfall und Herzinfarkt führen. Bei empfindlichem Magen verwenden Sie die Blätter abgekocht und bevorzugt mit anderen Kräutern oder Kartoffeln gemischt. Den bitteren Geschmack des Gemüses können Sie mildern, wenn Sie die Blätter kurz in Salzwasser kochen und anschließend mit Wasser abspülen. Löwenzahn macht auch schön. Waschungen mit einem Aufguß stärken das Bindegewebe der Haut.

Löwenzahnsalat mit Speck
(nach französischer Art)

Zutaten:
400 g frische junge Löwenzahnblätter
75 g Speck
1 EL Essig
Salz, Pfeffer

Zubereitung:
- Blätter waschen, abtropfen las-
  sen.
- Speck in kleine Würfel schnei-
  den, anrösten, in Fett ausbraten,
  mitsamt dem heißen Fett über
  die Löwenzahnblätter gießen.
- Das restliche Fett in der heißen
  Pfanne mit Essig löschen, mit
  Salz und Pfeffer würzen und un-
  ter den Salat mischen.
- Salat warm servieren.

Wildkräutersauce
Vinaigrette

Zutaten:
3 EL fein gehackte Wildkräuter,
(Brunnenkresse, Sauerampfer, Löwenzahn, Scharbockskraut).
4 EL Sonnenblumenöl
2 EL trockenen Weißwein
1 EL Kräuteressig
1 EL fein gehackte Jungzwiebel
1 hartes Ei, fein gehackt
1 TL Senf
Salz

Zubereitung:
• Sauerampfer und Löwenzahn
  vor dem Hacken kurz in Salzwasser aufkochen, hacken.
• Salz, Essig und Senf gut verrühren.
• Öl und Wein dazugeben und
  gründlich rühren, bis eine Emul-
  sion entsteht.
• Zuletzt Jungzwiebel, feinge-
  hackte Kräuter und Ei untermischen, salzen.

PRIMEL, FRÜHLINGS-SCHLÜSSELBLUME, HIMMELSCHLÜSSEL

(Primula veris)
Primelgewächse

Merkmale:

Stengel bis 20 cm hoch, samtig behaart; Blätter in grundständiger Rosette bis 12 cm lang, länglich, runzelig, unregelmäßig gezähnt; Blüten in einseitswendiger Dolde, glockenförmiger Kelch, goldgelbe Krone mit fünf orangen Fleckchen im Schlund, Blütezeit März bis Mai; Geruch süßlich duftend, Wurzel nach Anis.

Sammelplätze (Wuchsorte):

Auf sonnigen, trockenen Wiesen, unter lichten Gebüschen, in lichten Wäldern, auf trockenem, kalkhaltigem Boden in ganz Mitteleuropa, bis 2000 m Höhe.

Sammelzeit:

April, Mai.

Verwendbar:

Junge, zarte Blätter, besonders aus dem Inneren der Rosette, für Salate und Frühlingssuppen, größere Blätter als Beimischung zu Spinatgemüsen; frische Blüten als Tee; mit wenig Wasser und Zucker eingekocht zu Schlüsselblumenbonbons („Primelzucker"); als Aufguß für Gesichtswaschungen oder als Gesichtsdampfbad für schöne Haut. In Alkohol angesetzt ergeben die Blüten einen feinen Likör. Die getrocknete Wurzel hat die größte Heilwirkung in Husten- und Bronchialtees.

Die Blätter enthalten besonders viel Vitamin C, daher ißt man sie idealerweise frisch in Rohkostsala-

ten und feingehackt auf Frühlingssuppen. In großen Mengen wirken
sie stark harntreibend. Empfindliche Menschen sollten daher über-
haupt auf sie verzichten. Hildegard
von Bingen und die mittelalterlichen Kräuterbücher empfehlen die
Schlüsselblume gegen viele Leiden: Schlaganfall und Arthritis, gegen Erkältungen in Magen und
Kopf, gegen Wunden, Harnsteine
und zur Kräftigung des Herzens.
Die moderne Volksmedizin verwendet sie noch als Hustenmittel
und schätzt ihre beruhigende und
schlaffördernde Wirkung. Im
Volksglauben ist die Himmel-
schlüssel ein altes Schutz- und
Fruchtbarkeitsmittel. So sagt die
Überlieferung, daß ein Mädchen,
das in der Karwoche eine blühende
Schlüsselblume findet, ihren Ange-
beteten heiraten wird.

Hinweis:

Die Große bzw. Hohe Schlüsselblume *(Primula elatior)* mit
ihrem enganliegenden Kelch und
den hellgelben, geruchlosen
Blütenblättern hat eine ähnliche
Wirkung, ist ebenso sehr verbreitet, wächst aber an feuchte-
ren Standorten.

RAPUNZEL, FELDSALAT, WILDER VOGERL-SALAT, NÜSSLISALAT, ACKERSALAT
(Valerianella locusta)
Baldriangewächse

Merkmale:

5–40 cm hoch; Stengel vier- bis
sechskantig mit kurzen, nach unten gekrümmten Stacheln, untere
Blätter spatelförmig, Rosetten
bildend, obere Blätter gezähnt.
Aus den Rosetten tritt der Blü-
tenstiel, der sich gabelig verzweigt. Auf ihm sitzen die Blüten winzig, lila bis bläulich-
weiß. Geschmack der Blätter
fein, nussig, daher auch „Nüßli-
salat" genannt. Botanisch mit
dem Baldrian verwandt.

Sammelplätze (Wuchsorte):
Überall in Mitteleuropa, in Gärten und Wiesen, auf Feldern und Böschungen, an Wegrändern, bis 1200 m Höhe.

Sammelzeit:
Von April bis zum Winter zunächst die jungen, später im Jahr die immer wieder frisch nachwachsenden Rosetten.

Verwendbar:
Blättchen, solange sie eine schöne Rosette bilden, roh für Salate und Gemüse, gemischt mit anderen Kultur- und Wildgemüsen.

Der Feldsalat ist ein Kind des Südens. Er kommt wahrscheinlich aus Süditalien und wurde später in Mitteleuropa kultiviert. Aber er wächst überall wild und ist in der Bevölkerung gut als „Wilder Vogerlsalat" oder „Rapunzel" bekannt. Er ist auch roh sehr gut verträglich und schmeckt ausgesprochen köstlich nach Nuß. Er enthält viel Vitamin A, stärkt die Abwehr, regeneriert das Gewebe der Haut, beschleunigt die Vernarbung, wirkt leicht abführend, blutreinigend, erweichend. Diese besondere Eigenschaft macht ihn das ganze Jahr über sehr nützlich. Er ist eine ideale Diätpflanze für Empfindliche.

Feldsalat mit Putenfleisch und Gänseblümchen
(für 4 Personen als Vor-, für 2 Personen als Hauptspeise)

Zutaten:
150 g Feldsalat
300 g Putenfleisch (Schnitzel)
2 EL Gänseblümchenknospen
2 EL Brunnenkresse
1 EL Butter
2 EL Öl (Sonnenblumen, Maiskeim)
2 El Kräuteressig
2 Knoblauchzehen
Salz, frischer Ingwer, weißer Pfeffer

Zubereitung:
- Feldsalat, Kresse und Gänseblümchen putzen, waschen, trocknen.
- Knoblauchzehen zerdrücken, mit Öl, Essig, etwas Salz, etwas fein geschnittenem Ingwer und weißem Pfeffer in einer Schale zu einer Marinade vermischen.
- Butter in einer Pfanne erhitzen.
- Putenschnitzel bei mittlerer Hitze auf jeder Seite etwa 2 Min. anbraten.
- Salat auf eine angewärmte Platte geben, Marinade darübergießen, Schnitzel in Streifen schneiden, hübsch auf dem Salat verteilen, mit Gänseblümchen garnieren und schnell servieren, damit das Fleisch noch warm ist.

SAUERAMPFER, WIESENSAUER-AMPFER

(Rumex acetosa)
Knöterichgewächse

Merkmale:
30–80 cm hoch; Stengel aufrecht, gestreift, hohl, unten rötlich, Blätter lanzettförmig, unten gestielt, oben eher sitzend; Blütenrispen zunächst blaßgrün, später rot, dann dreieckige Früchtchen.

Sammelplätze (Wuchsorte):
Feuchte Wiesen, Weiden, Gräben mit nährstoffreichen Böden, weitverbreitet, an Stadeln und Zäunen in ganz Europa, Nordamerika und Nordasien, bis 2000 m Höhe.

Sammelzeit:
Ab Mai bis in den Herbst.

Verwendbar:
Junge Stengel, Blätter und Triebe überbrüht oder gekocht als Beigabe für Spinatgemüse, Salate, kalte und warme Saucen zu Tafelspitz, gegrilltem Fleisch und Fondue; in Wildkräutermayonnaisen und vor allem in grünen Suppen, besonders bekannt als französische Sauerampfersuppe. Das Gemüse gehörte früher zu den neunerlei Pflanzen und war fester Bestandteil der Gründonnerstagsuppe.

Schon in der Antike wurde der Sauerampfer als Gemüse und Heilpflanze genutzt. Die Blätter als Gemüse dienten wegen ihrer abführenden Wirkung der Erweichung des Bauches. Die Pflanze enthält Kaliumhydrogenoxalat, Oxalsäure, Flavonglykoside und Vitamin C. Der säuerliche Geschmack kommt aus dem hohen Gehalt an Oxalsäure, die aber durch Überbrühen weitgehend verschwindet, oder wenn Sie dem Kochwasser etwas Speisesoda (Natriumbicarbonat) beigeben. Dies verkürzt auch die Kochzeit. Sauerampfer darf nicht mit Mineralwasser und Kupfergefäßen in Verbindung kommen. Mäßig genossen reinigt er Leber und Galle und wirkt steintreibend. Personen mit Rheuma und Gicht sollten Sauerampfer nicht verwenden. Die Pflanze wird heute noch in der Homöopathie verwendet.

Hinweis:
Größere Mengen roher Blätter können zu Vergiftungen führen, nicht nur bei Menschen, sondern auch beim Vieh auf der Weide. Vorsicht besonders bei Kindern. Durchfälle, starke Absenkung des Kalziumspiegels im Blut und dadurch bedingte Krämpfe und schließlich Nierenschädigung können die Folge sein.

Sieben-Kräuter-Frühlingssuppe

Nach altem Brauch nimmt man sieben Kräuter, die verschieden variiert werden können.

Prinzipiell eignen sich alle unter den Spinatpflanzen genannten Kräuter für die Wildkräutersuppen; auch ist es durchaus üblich, wenn nicht alle sieben Wildkräuter zur Verfügung sind, diese teilweise durch Gartenkräuter bzw. Kulturgemüse zu ersetzen. Auch Kartoffeln oder Haferflocken werden häufig zusätzlich in die Suppe gegeben. Hier ein traditionelles, viel verwendetes Rezept:

Zutaten:
250 g frische Wildgemüseblätter, gemischt aus Bachbunge, Brennesseln, Gundelrebe, Guter Heinrich, Primel, Sauerampfer, Scharbockskraut (nur wenige Blättchen).
30 g Speck
2 kleine Kartoffeln
3 Jungzwiebeln
2 EL Butter
2 EL Mehl
1/8 l warmes Wasser
3/4 l klare Rindssuppe
2 Knoblauchzehen
2 EL Sauerrahm
Salz, Pfeffer

Zubereitung:
• Kräuter fein wiegen, Kartoffeln und Speck in sehr kleine Würfel schneiden, Zwiebeln fein hacken.
• Speck und Zwiebeln leicht anrösten und zur Seite stellen.
• Einmach bereiten: Butter in der Pfanne erhitzen, Mehl einrühren bis es goldbraun ist und mit warmem Wasser aufgießen, mit Schneebesen glattrühren, damit keine Klümpchen entstehen.
• Speck, Kartoffeln und Zwiebeln zur Einmach geben und mit der Hälfte der Kräuter 15 Min. kochen.
• Wenn das Wasser eingekocht ist, mit der Suppe aufgießen, aufkochen lassen, zerdrückte Knoblauchzehen zufügen, mit Salz und Pfeffer würzen, nochmals 2 Min. aufkochen lassen.
• Kurz vor dem Servieren den Sauerrahm einrühren und die zweite Hälfte der Kräuter in die fertige Suppe geben.

Kalbsmedaillons mit Sauerampfer

Zutaten:
8 Medaillons vom Kalb zu je ca. 50 g
30 g junge Sauerampferblätter
2 EL Öl
100 g Sauerrahm
1 TL frisch gepreßter Zitronensaft
Salz, Pfeffer

Variante:
Statt Kalbfleisch auch Schweinsmedaillons oder Lammrücken.

Zubereitung:
- Fleisch waschen, trocknen, mit Salz und Pfeffer würzen.
- Sauerampferblätter waschen, trocknen, in Streifen schneiden.
- Öl in der Pfanne erhitzen und die Medaillons auf jeder Seite ca. 2 Min. braten, Medaillons heißhalten.
- Bratensaft mit Sauerrahm verrühren, Sauerampferstreifen hineingeben und etwa 3 Min. unter dauerndem Rühren erhitzen, Zitronensaft beifügen, eventuell mit etwas klarer Suppe strecken.
- Medaillons in der Sauce noch ca. zwei Minuten ziehen lassen.
- Als Beilage: Wildreis.

Sauerampfersuppe nach französischer Art

Zutaten:
250 g Sauerampfer
1 l klare Rindssuppe
1 EL Öl
1 EL Mehl
1/8 l Sauerrahm
1 gehackte Zwiebel
1 EL gehackte Petersilie
1 EL Zitronensaft
1 EL Butter
2 Eidotter
4 Scheiben Toastbrot
Salz, Rosmarin

Zubereitung:
• Frische junge Sauerampferblätter gut waschen und fein hacken.
• Mit der gehackten Zwiebel, Petersilie und dem Rosmarin in Öl anrösten und anschließend mit Mehl bestäuben.
• Mit der Suppe aufgießen, salzen und 10 Min. kochen.
• Vom Feuer nehmen, Zitronensaft, Eidotter und Sauerrahm einrühren.
• Servieren Sie die Suppe mit in Butter gerösteten Weißbrotwürfeln, die erst während des Essens nach und nach in die Suppe gegeben werden, damit sie schön knusprig bleiben.

Sauerampfer-Kartoffel-Suppe

Zutaten:
300 g mehlige Kartoffeln
50 g junge Sauerampferblätter
1 EL gehackte Sauerampferblätter
3/4 l klare Suppe
20 g Butter
2 EL Sauerrahm
4 Knoblauchzehen
Salz, Pfeffer

Zubereitung:
• Sauerampferblätter blanchieren.
• Rohe, geschälte Kartoffeln klein würfeln und mit den zerdrückten Knoblauchzehen in Butter ganz kurz anbraten.
• Mit etwas klarer Suppe aufgießen und zugedeckt garköcheln lassen.
• Sauerampferblätter, Sauerrahm, Salz und Pfeffer mischen, zu den Kartoffeln geben und mit dem Mixer alles fein pürieren.
• Restliche Suppe dazugießen, einmal aufkochen lassen.
• Mit den gehackten Sauerampferblättern garnieren.

SAUERKLEE, WALDSAUERKLEE

(Oxalis acetosella)
Sauerkleegewächse

Merkmale:

Blätter kräftig grün. Sie bestehen aus jeweils drei keilförmigen, kleeähnlichen Blättchen; Blüten langstielig, weiß mit roten Adern, Kronblätter stumpf. Der Sauerklee ist mit dem Wiesenklee nicht verwandt. Der Geschmack frischer Blätter ist säuerlich.

Sammelplätze (Wuchsorte):

Schattige Wälder, Waldränder, sehr häufig bis 2000 m Höhe.

Verwendbar:

Blätter als Beimischung zu Spinat und Salaten; in kleinen Mengen auch roh, zur Verzierung von Aufstrichen, Frischkäsen und pikanten Brötchen; geschmacksverfeinernd in der Rohkost; ersetzt den Zitronensaft in Marinaden; in Wasser angesetzt und dann abgeseiht, ergibt Sauerklee ein erfrischendes Getränk an heißen Tagen oder bei Fieber; Gekocht verliert sich die Säure.

Sauerklee ist reich an Vitamin C. Da er wie der Sauerampfer, Rhabarber und Spinat Oxalsäure und Kaliumhydrogenoxolat enthält, sollte er nicht in großen Mengen roh genossen werden. Ein Tee aus Sauerklee regt die Nieren an. Ein Gesichtsdampfbad oder eine Waschung mit einem Aufguß reinigt und klärt strapazierte Haut.

Sammelzeit:

März bis Mai.

SCHARBOCKS-KRAUT, FEIGENWURZELIGER HAHNENFUSS

(Ranunculus ficaria)
Hahnenfußgewächse

Merkmale:

Ausdauernd, 10–25 cm hoch; Stengel niederliegend; Blätter langgestielt, herzförmig, dunkelgrün, häufig mit hellen Flecken, oberseits glänzend; Blüten leuchtend gelb oder gelb-weißlich mit 6–12 Blütenblättern, Blütezeit März bis Mai; Früchte kugelig; Knollen an den Wurzeln keulenförmig, daher auch „Feigenwurzeliger Hahnenfuß". Geschmack der Blätter schwach herb, würzig scharf und säuerlich.

Sammelplätze (Wuchsorte):

Parks, Gärten, feuchte Waldböden, feuchte und schattige Wiesen, an Waldrändern, unter Gebüschen, im Obstgarten; oft als dichter, intensiv grüner Blätterteppich, bis 1800 m Höhe, fast in ganz Europa.

Sammelzeit:

Schon ab März. Blätter nur vor der Blüte sammeln, weil sie nachher schwach giftig werden.

Verwendbar:

Junge, zarte Blätter vor der Blüte; roh als Würzbeimischung in Salaten, Kräutersuppen; feingehackt auf das Butterbrot oder in frischem Topfen (Quark). Beim Kochen wird Scharbockskraut ziemlich bitter. Im Spinat genügen daher wenige Triebe.

Scharbockskraut hat einen sehr hohen Vitamin-C-Gehalt. Schon deshalb ist es am besten, die Blätter roh zu essen. Daher war es auch in der Volksmedizin das wichtigste Mittel gegen die gefürchtete Scharbock (Skorbut). Als eine der ersten Frühlingspflanzen galt die Pflanze lange als willkommenes Geschenk des Himmels. Während der langen Winter waren die Vitamine rar geworden. Das Scharbockskraut hatte auch den Vorteil, daß es sich in der Küche sehr vielseitig verwenden ließ. So ergeben sogar noch die Blütenknospen, in Essig eingelegt, eine feine Delikatesse zu Käse, gegrilltem oder gekochtem Fleisch und Fisch.

Roastbeef mit Wildkräuterparfait und warmer Schnittlauchsauce
(für 4 Personen als Vor-,
für 2 Personen als Hauptspeise)

Zutaten:
400 g Roastbeef
Für das Parfait:
150 g junge Brennesselblätter
2 EL gehacktes Scharbockskraut
1 EL gehackter Sauerklee
1 EL gehacktes Dillkraut
1 Bund Schnittlauch, geschnitten
1/8 l Schlagobers
1/16 l Sauerrahm
1 EL Butter
2 Knoblauchzehen
1 TL Zitronensaft
4 Blätter aufgelöste Gelatine
Salz, Pfeffer

Zubereitung:
* Brennesselblätter gründlich waschen, in etwas Butter mit Knoblauch weichdünsten, anschließend mit dem Stabmixer fein pürieren.
* Aufgelöste Gelatine, schon etwas abgekühlt, dazugeben. Kräuter, Schlagobers, Sauerrahm, Zitronensaft und Gewürze (außer Schnittlauch) gründlich einrühren, in 4 kleine Formen füllen.
* Vor dem Servieren die Formen kurz in heißes Wasser stellen, stürzen.
* Roastbeef mit Zitronenvierteln, Schnittlauch und dem Parfait anrichten.
* Mit warmer Schnittlauchsauce servieren.

Schnittlauchsauce

Zutaten:
1 El fein gehackte Frühlingszwiebel
1/3 l klare Rindssuppe
1/4 l Rahm
2 EL Rahm
4 EL fein geschnittener Schnittlauch
1 TL Zitronensaft
Salz, Pfeffer

Zubereitung:
* Gehackte Frühlingszwiebel mit der Rindssuppe so lange kochen, bis diese etwa auf die Hälfte eingekocht ist, 1/4 l Rahm beifügen und weiterkochen, bis eine leicht cremige Masse entstanden ist; nun alles fein passieren.
* Die restlichen 2 EL Rahm und Zitronensaft einrühren, mit Salz und Pfeffer würzen und den Schnittlauch daruntermischen.
* Sauce warm servieren.

TAUBNESSEL, WEISSE

(Lamium album)
Lippenblütler

Merkmale:

Höhe bis 50 cm, Stengel hohl, vierkantig, aufrecht; Blätter gestielt, gegenständig, eiförmiglanzettlich, am Grund herzförmig, gesägt, auf beiden Seiten leicht behaart aber nicht brennend; Blüten weiß, quirlförmig in den Achseln der obersten Stengelblätter sitzend, Blütezeit ab April bis Oktober; Geschmack der Blätter sehr mild und rund.

Sammelplätze (Wuchsorte):

Gruppenweise in Obstgärten, Gebüschen, an Hecken und Zäunen, ungefähr dort, wo die Brennesseln wachsen, fast überall in Europa und in Nordasien (nicht im Mittelmeergebiet), bis 2200 m Höhe.

Sammelzeit:

Blätter für die Zubereitung als Wildgemüse ab März bis zur Blüte. Blüten für Heilzwecke ab April vorsichtig abzupfen und trocknen.

Verwendbar:

In der Küche wegen ihres feinen, milden Geschmacks junge Triebe und Blätter vor der Blüte für Spinate; als geschmacklich ausgleichende und abrundende Beigabe zu herben Wildgemüsen, besonders im Brennesselspinat, in gedünsteten Wildkräutern und Kräutersuppen.

Die Taubnessel enthält Saponine, zusammenziehende Stoffe und ätherisches Öl. Ihren Namen hat sie, weil ihre Blätter nicht brennen und daher „taub" sind. Die Naturmedizin verwendet sie als Reinigungs- und Heilmittel für Wunden, zur Milderung von Menstruationsbeschwerden, gegen den Weißfluß, und wegen ihres Saponingehalts zur Linderung von chronischer Bronchitis. Viele loben auch ihre ausgesprochen gemütsaufhellende Eigenschaft; außerdem soll sie eine frische Gesichtsfarbe machen und energielosen Menschen zu mehr Vitalität verhelfen. Sie wird gerne für Sitzbäder und Teekuren verwendet.

Hinweis:

Es gibt auch eine gelbblühende und rotblühende Taubnessel, die beide weder in der Küche noch als Heilpflanzen in der Naturmedizin verwendet werden.

Kartoffel-Taubnessel-Auflauf

(für 2 Personen als Hauptspeise)

Zutaten:

350 g Kartoffeln, festkochend
100 g junge Taubnesselblätter
100 g junge Brennesselblätter
150 g milder Schafskäse
150 g Champignons
200 g Tomaten
10 g Butter
1 TL Öl
1 Eidotter
1 EL Sauerrahm
1 EL frisch gehackte Petersilie
1 El gehackter Basilikum
Salz

Zubereitung:

- Kartoffeln mit Schale kernweich garen, schälen, in dickere Scheiben schneiden und in eine Schüssel geben.
- Taub- und Brennesselblätter waschen, trocknen und in einer Pfanne mit Öl ca. 1 Min. garen und zu den Kartoffeln geben.
- Champignons putzen, waschen, trocknen, in Scheibchen schneiden und in einer Pfanne mit etwas Butter kurz anbraten und zum Kartoffel-Brennessel-Gemisch geben, salzen.
- Tomaten schälen, Fruchtfleisch und Schafskäse in kleine Würfel schneiden, mit Sauerrahm, Eidotter, Petersilie und Basilikum vermengen, etwas salzen und zu den übrigen Zutaten geben.
- In eine mit Butter ausgestrichene feuerfeste Form geben und im vorgeheizten Backrohr bei 200° etwa 15 Min. backen.
- Bei Bedarf kann der Auflauf zugedeckt bei 50° im Rohr gut warmgehalten werden.

WEGERICH (MITTLERER, SPITZ- UND BREITWEGERICH)

(Plantago media, lanceolata und major)
Wegerichgewächse

Merkmale:
10–50 cm hoch, Blätter breit elliptisch oder lanzettförmig, in Rosetten angeordnet, mit bis zu sieben starken Blattnerven; Stengel blattlos; Blütenähren weißlich–lila (Mittlerer Wegerich), weißlich (Spitzwegerich) oder rötlich schimmernd (Breitwege-

rich). Die Blüten erscheinen im Mai und Juni. Geschmack der Blätter herzhaft, herb, aber rund.

Sammelplätze (Wuchsorte):

Auf Wiesen, Grasplätzen und Wegrändern, sehr verbreitet bis über 2000 m Höhe.

Sammelzeit:

Für die Küche März – April, die Blätter vor der Blüte, weil sie jetzt noch keine harten Blattnerven haben; beste Heilwirkung im Juni, die schwächste im September.

Verwendbar:

Junge Blätter zum Mischen mit anderen Gemüsen, denen sie einen feinen Geschmack und eine typische Note verleihen: für Spinat und Mischgemüse; leicht überbrüht für Salat. Junge Wegeriche in Palatschinkenteig gebacken sind ein herrlicher Snack und eine leckere Beilage zu gegrilltem Fleisch, sie schmecken auch feingehackt in einer Eierspeise. Dem Frittatenteig untergemischt ergeben sie eine vorzügliche Suppeneinlage. Ein altes Rezept ist, die Blätter mit Wasser, einem Schuß Essig und Salz zu kochen und in Öl anzurichten. Ein Küchentip: Wie bei den Bohnen vor dem Kochen die langen Fäden (Blattnerven) herausziehen.

Alle Wegeriche sind alte Heilpflanzen. Möglicherweise haben sie schon die Menschen in der Steinzeit als Wundmittel gebraucht. Schriftlich werden sie bei den Assyrern das erste Mal erwähnt. Seit dem Mittelalter gilt der Spitzwegerich als bestes Mittel gegen die „72 Fieber". Dazu das Rezept aus der Obersteiermark: 72 Spitzwegerichblätter (gegen jedes Fieber ein Blatt) mit einem Ei backen und essen. Wegeriche enthalten Bitter-, Schleimstoffe und Kieselsäure. Sie wirken austrocknend und zusammenziehend, reinigen das Blut, die Lunge und den Magen. Sie sind gut für alle, die zu Kräften kommen sollen. Frische Blätter nutzte man äußerlich für Umschläge auf Wunden, aber auch gegen Insekten- und Skorpionstiche sowie Schlangenbisse. Die moderne Naturheilkunde schätzt die Wegeriche wegen ihrer Schleimstoffe als Husten- und Bronchialmittel. Spitzwegerichsaft ist besonders für Kinder sehr geeignet. Ein frisch aufgebrühter Wegerichtee ist ein Gesundheitstee im wahrsten Sinn des Wortes. Die Homöopathie verwendet die Pflanze bei Hautentzündungen, Kopf-, Ohren- und Zahnschmerzen.

Hinweis:

Wegerichpollen sind oft verantwortlich für allergischen Schnupfen.

Spitzwegerich-Frittaten als Suppeneinlage

Zutaten:
1 l klare Rindssuppe
Einlage:
60 g Mehl
3 EL fein gehackte junge Spitz-wegerichblätter
1/8 l Milch
1 Ei
30 g Butter
Salz, Pfeffer

Variante:
Mit Spitzwegerichblättern mischen oder stattdessen verwenden: Bär-lauch, Bibernelle, Breitwegerich, Huflattich.

Zubereitung:
- Spitzwegerichblätter putzen, waschen, blanchieren und sehr fein hacken.
- Kalte Milch und Mehl glatt ver-rühren, Ei und Salz einrühren, gehackte Blätter zufügen, eine halbe Stunde stehen lassen.
- In einer Omelettenpfanne läßt man so viel Butter heiß werden, daß die Pfanne gut befettet ist.
- Von der Teigmasse einen Schöp-fer in die Mitte der Pfanne gießen, gleichmäßig verrinnen lassen, so daß der Pfannenboden dünn bedeckt ist.
- Von beiden Seiten goldgelb bak-ken, aus der Pfanne gleiten und auskühlen lassen.
- Jedes Omelette in dünne Strei-fen schneiden.
- Erst beim Servieren in die heiße Rindssuppe geben.

WEGWARTE, ZICHORIE

(Cichorium intybus)
Korbblütler

Merkmale:

Höhe 50–100 cm; Stengel steif, hohl, kantig, rauhhaarig; Blätter unten tief gekerbt, am Stengel klein, gezähnt, behaart; Blüten himmelblau, 3–4 cm Durchmesser, einzeln in Blattachseln sitzend; Blütezeit Juli bis September; Wurzel spindelförmig, fleischige Pfahlwurzel mit weißer Milch. Geschmack der Blätter etwas bitter und scharf; die Wurzel schmeckt sehr bitter. Die Wegwarte ist die wildwachsende Form des Chicorée.

Sammelplätze (Wuchsorte):

An Wegrändern, Straßenrändern, auf Böschungen, Feldrainen, Brachland; sie bevorzugt lehmige Böden bis 1500 m Höhe.

Sammelzeit:

Zur Verwendung in der Küche die Blätter März-April; für Heilzwecke die ganze Pflanze im Juli vor der Blüte; die Wurzeln im Spätherbst stechen, säubern, halbieren und trocknen.

Verwendbar:

Untere Blätter in Richtung Wurzeln so abschneiden, daß die einzelnen Blätter noch zusammenhängen. Wenn die Pflanze blüht, werden die Blätter zu bitter, um sie in der Küche zu verwenden. Für Spinat also nur sehr junge Blätter sammeln; mit milden Spinaten gemischt, sorgt die Wegwarte für einen interessanten geschmacklichen Kontrast. Es empfiehlt sich auch für Salate, die Blätter leicht zu überbrühen, denn es nimmt ihnen die Schärfe. Die Wurzeln werden auch heute noch als Kaffee-Ersatz, bzw. für „Zichorien-Kaffee" verwendet.

Schon die Ägypter im 4. Jahrtausend vor Christus schrieben über die Kraft der Wegwarte als Heilpflanze. Sie wirkt stark zusammenziehend und ist eine Wohltat für den Magen. Ihre wichtigsten Inhaltsstoffe sind der Bitterstoff Intybin, blutzuckerregulierendes Inulin, wertvolle Zucker, Eiweiß, Mineralstoffe und die Vitamine B, C, P, K. Früher wurden die freundlichen Blüten auch zur Erleichterung bei trübsinnigen Gedanken und schweren Gefühlen eingenommen. Tatsächlich regt ein Tee aus Wegwarte Leber und Galle an, beugt Verstopfungen vor und bringt den Stoffwechsel in Schwung. Dadurch verbessert sich das Aussehen, die Augen strahlen, die Haut wird glatt und entspannt. Das sind sehr wichtige Voraussetzungen für ein positives Lebensgefühl.

WIESENBOCKSBART, „HASENBROT", ZUCKERBLUME
(Tragopogon pratensis)
Korbblütler

Merkmale:
30–80 cm hoch; Blätter im Grund bauchig und den Stengel halb umfassend, nach oben hin lang und schmal; Stengel aufrecht, milchsafthältig; Blüten sonnengelb, einzeln auf den Stielen sitzend; Blütezeit Mai bis Juli; Wurzel braune Pfahlwurzel mit Milchsaft. Geschmack der Blätter und Knospen ähnlich dem Endiviensalat oder Chicorée: angenehm, fein, mild, leicht bitter, auch der im Handel erhältlichen Schwarzwurzel ähnlich; Stengelmark süßlich.

Sammelplätze (Wuchsorte):
Gedüngte Wiesen, in Europa, außer ganz im Norden oder ganz im Süden, bis 2000 m Höhe.

Sammelzeit:
Schößlinge von April bis zur Blüte, Blätter das ganze Jahr.

Verwendbar:
Junge Blätter als Spinat, besonders in einer Mischung mit herberen Gemüsen wie Giersch und Wiesenknöterich, Wegerich und Brennesseln. Als Mischsalat können auch die Blütenknospen mitverwendet werden. Schößlinge und Stengel eignen sich sehr gut zum roh essen oder gekocht wie Spargel (siehe Hopfensprossen Seite 63). Auch in Bierteig gebacken, im Risotto und in Gemüsesaucen. Frische Wurzeln schmecken gekocht, in Scheiben geschnitten, als Salat oder im Rohr überbacken. Tip: Schütten Sie das Kochwasser von Blättern und Wurzeln nicht weg, es ist eine feine Basis für Gemüse- und Kräutersuppen.

Der Wiesenbocksbart ist reich an Vitaminen, Mineralstoffen, blutzuckerregulierendem Inulin und wertvollen Zuckern. Er reinigt das Blut, macht schwitzen und regt die Harntätigkeit an. Er wurde schon in der Antike vor allem als wertvolles Gemüse geschätzt. Im 15./16. Jh. baute man ihn sogar in Gärten und auf Feldern an. Der Wiesenbocksbart hieß früher wegen seines exzellenten Geschmacks und seiner wohltuenden Wirkung „Himmelbrod". Volkstümlich nennt man ihn auch „Zuckerblume", „Hasenbrot" oder „Haferwurzel" und es heißt auch „Hafermark macht d'Buaba stark".

Hinweis:
Nicht die Samen essen. Sie sind giftig.

Wiesenbocksbart mit Schinkensauce

(Vorspeise für 2 Personen)

Zutaten:

3 Dutzend Stengel vom Wiesenbocksbart
2 Scheiben Schinken, ca. 4 mm dick
2 hartgekochte Eier
1 fein gehackte Schalotte
1 EL Öl
2 EL Crème fraîche
1 EL fein geschnittener Schnittlauch
1 TL Essig
Salz, weißer Pfeffer
Zum Garnieren:
6 Cherrytomaten
Petersilie, Schnittlauch

Zubereitung:

• Eine Schinkenscheibe in ca. 5 mm breite Streifen, die andere in kleine Würfel schneiden.
• 1/2 Ei in Scheiben, den Rest in kleine Würfel schneiden.
• Von den Stengeln des Wiesenbocksbarts nur die ganz weichen Stücke unterhalb der Blüte etwa 15–20 cm lang abschneiden, waschen, 5 Min. in Salzwasser kochen.
• Sauce bereiten:
• Schinken- und Eiwürfel, Schalotte, Essig, Öl, Schnittlauch und Crème fraîche mischen, salzen und pfeffern.
• Stengel mit Schinkenstreifen, Eischeiben, Tomaten, Petersilie, Schnittlauch und der Schinkensauce anrichten.

WIESENKNÖTERICH, SCHLANGEN-KNÖTERICH, SCHLANGENWURZ

(Polygonum bistorta)
Knöterichgewächse

Merkmale:

40–90 cm hoch, Wurzelstock schlangenartig gebogen, daher der Name Schlangenwurz; Stengel aufrecht und unverzweigt; Grundblätter groß, an der Oberseite dunkelgrün, unterseits bläulich grün, länglich, gestielt, stengelumfassend, lanzett- bis eiförmig, gewellt (beachten Sie: Knöterichgewächse ohne gewellte Blätter eignen sich nicht als Gemüse). Blüten ährenartig, hell- bis dunkelrosa, Blütezeit Mai bis Juli. Geruchlos, Geschmack der Blätter schwach säuerlich, die Wurzel bitter.

Sammelplätze (Wuchsorte):

Oft in großen Beständen auf feuchten Wiesen, besonders Berg- und Hochgebirgswiesen, auch an Bächen in Mitteleuropa und Nordasien, bis 2500 m Höhe.

Sammelzeit:

Mitte April bis zur Blütezeit die Blätter und Triebspitzen für Gemüse; für Heilzwecke den Wurzelstock am besten im Mai.

Verwendbar:

Junge Blätter und Triebspitzen für schmackhaften Spinat; gekocht und in Butter geschwenkt, zu Wildkräuterpüree verarbeitet oder in Gemüselaibchen. Der Wiesenknöterich mischt sich gut mit milden Gemüsen wie z. B. der Taubnessel. Die jüngeren, feinen Stengel können mitgekocht werden, die älteren sind zu holzig.

Die älteste Überlieferung des Wiesenknöterichs stammt aus China. Man schätzte ihn äußerlich als Wundkraut für die Heilung von offenen Wunden, da er viele Gerbstoffe, Stärke, Eiweiß und Vitamin C enthält. Auch bei Entzündungen im Mund war er als Gurgelwasser sehr geschätzt. Kühen unters Futter gemengt, sollte er viel Milch garantieren. Wiesenknöterich enthält aber auch Oxalsäure und sollte deswegen nicht übermäßig verwendet werden und beim Kochen nicht mit Kupfer oder Mineralwasser in Verbindung kommen.

Topfenteigtaschen mit pikanter Füllung

Zutaten Teig:
250 g Topfen (Quark)
250 g griffiges Mehl
250 g Butter
Salz, Paprikapulver
1 Dotter zum Bestreichen

Zutaten Füllung:
200 g fein geschnittene
Champignons
4 EL junge Blätter vom Wiesenknöterich, blanchiert und gehackt
4 EL Bibernelleblätter, blanchiert
und gehackt
4 EL gehackte Walnüsse
4 EL gehackte Petersilie
1 gehackte Zwiebel
2 Knoblauchzehen
4 EL Öl
Salz, Pfeffer

Zubereitung:
- Alle Teigzutaten verkneten, 20 Min. rasten lassen.
- Für die Fülle:
- Pilze mit Zwiebeln und Kräutern in erhitztem Öl leicht anbraten. Knoblauchzehen dazudrücken, Nüsse beimengen, würzen.
- Teig dünn ausrollen, Quadrate von 12 cm ausradeln.
- In die Mitte jedes Quadrats 1 EL Füllung geben, zum Dreieck zusammenlegen, Ränder mit der Gabel festdrücken (hält besonders gut zusammen und sieht nett aus).
- Mit Eigelb bestreichen, mit Paprikapulver bestreuen.
- Im vorgeheizten Backrohr bei 180° etwa 20 Min. goldbraun backen.

Rezeptübersicht

Soweit nicht anders angegeben, gelten die Mengenangaben bei den Rezepten für vier Personen

Register

Verzeichnis der Pflanzen

Verzeichnis der lateinischen Pflanzennamen

Bücher, die uns lehren,
die Kräfte der Natur für uns zu nutzen